KB263109

10대에게 들려주는 평등과 복지 이야기

윤홍식 지음

왜 불평등이 문제일까?

반니

"진짜 불행은 불평등이 아니라 의존이다"

– 볼테르*Voltaire*

성공이 실패의 원인이라면?

여러분은 언제 가장 행복한가? 시험이 끝났을 때? 용돈을 받았을 때? 자유롭게 상상의 나래를 펼쳐 보면, 아마 시험이 끝나거나 입시 경쟁에서 벗어나 친구들과 함께 신나게 놀면서 맛있는 음식을 먹을 때, 적어도 그 날만큼은 행복하지 않을까? 여기에 더해서, 시험을 치르고 집에 돌아왔는데 아무도 시험에 대해 묻지 않고 "수고했다.", "고생했다.", "사랑한다.", "편히 쉬어라." 말해 준다면 어떨까? 그리고 좋아하는 사람들과 치킨이나 피자를 먹으며 시험 때문에 미뤄 놨던 영상을 본다면 더 좋을지도 모르겠다.

행복이란 게 뭐 별거 있을까? 나를 아껴 주는 좋은 사람들이 있고, 내가 하고 싶은 것을 걱정 없이 할 수 있다면 그게 행복일 것이다. 그런데 특별할 것 없는 그런 행복을 누리는 것이 우리나라에서는 쉽지 않은 일 같다. 청소년이라면 더더욱 말이다. 어른이 되어서 돈 걱정 없이 살려면, 조금은 폼 나는 직장에 다니려면, 남에게 무시 당하지 않으려면, 부모님 체면 좀 세워 드리려면 좋은 대학에 가야 한다고 하니까. 좋은 대학에 가려면 좋아하는 일, 하고 싶은 일을 포 기하고 '월화수목금금금', 아침부터 밤 늦게까지 공부만 해야 하는 것이 현실이다. 그런데 현실은 그렇게 단순하지 않다. 여러분이 정 말 모든 것을 희생하면서 열심히 공부를 해 원하는 대학에 가면 그 뒤의 삶은 어떻게 될까? 어른들이 이야기하는 대로 원하는 대학에 만 가면 '불행 끝 행복 시작'일까?

내가 대학에서 학생들을 가르친 지도 20년이 넘었다. 그동안 스 무 번도 넘게 중고등학교를 졸업하고 대학에 입학한 신입생들을 만 났다. 그때마다 신입생들이 정말 대단하다는 생각이 들었다. 그 어 려운 입시 과정을 거쳐 대학에 입학했으니까. 하지만 지난 20여 년 동안 대학 입학이 신입생들에게 '불행 끝 행복 시작'이었던 적은, 조 금 과장해서, 단 한 번도 없었던 것 같다. 어떤 학생들은 수능 시험 을 다시 보기 위해 반수를 하고, 어떤 학생들은 1학기 또는 1학년을 마치고 군대를 간다. 또 다른 학생들은 학업을 계속하지만 대학에 합격했다는 기쁨도 잠시, 선배들의 취업 걱정 바이러스에 감염되어 슬슬 취업 걱정을 시작한다.

힘들게 산을 오르다 보면 정상까지 얼마나 더 가야 하는지 궁금

해질 때가 있다. 올라가는 것 자체로도 너무 힘든데 땀도 많이 나고 목도 마르니까. 그래서 같이 가는 어른들에게 물어보곤 한다. "얼마나 더 가야 해요?" 그러면 대부분은 이렇게 대답한다. "다 왔어. 조금만 더 가면 돼." 꿈 깨라. 어른들의 대답은 대부분 거짓말이다. 보통은 한참 더 가야 한다. '정상은 아직 멀었으니 여기서 포기하면 안 된다.'는 격려의 말이라고 위로해 보지만, 사실을 맞닥뜨리면 화가 날 수도 있다.

대학도 마찬가지다. 대학에 들어간다고 어른들의 말처럼 힘든 과정이 다 끝나는 것이 아니다. 대학이라는 높은 산에 겨우 올라가서 앞을 보니 취업이라는 더 높은 산이 눈앞에 있다. 실제로 대학생들에게 제일 큰 고민이 무엇이냐고 물어보면 99%는 "취업"이라고 말한다. 초·중·고등학교 때도 대학 입시 때문에 친구들과 경쟁을 했는데, 대학에 와서도 똑같은 일이 반복되는 것이다. 대한민국의 청소년들은 왜 이렇게 살아야 할까? 여러분만 그런 것이 아니다. 여러분의 부모님 세대, 그리고 조부모 세대도 정말 열심히 살았다. 하루에 12시간 넘게 일하는 것은 예사였고, 주말과 휴일도 없이 일했으니까. 우리나라가 선진국이 되면 국민들의 불행은 끝나고 행복이 시작될 것이라는 믿음으로.

잘 알다시피, 대한민국은 선진국이 되었다. 적어도 경제적으로는 선진국이다. 하지만 '우리나라가 선진국이 되면 국민들의 불행은 끝나고 행복이 시작될 것'이라는 기대와 달리 삶의 불안은 더 커졌고 경쟁은 더 치열하다. 국민들이 열심히 노력해 대한민국이 선진국이 되었다는데, 먹고사는 걱정 없이 하고 싶은 일을 하며 좋아하는 사람들과 재미있게 사는 일은 점점 더 어려워지는 것 같다. 우리나라만 그런 게 아니라 세계 모든 청소년이 유사한 어려움에 직면했다면 위안이 될까? '어차피 청소년기는 모두 다 그렇게 사는 거야.'라고 체념하면 덜 억울하겠지. "아프니까 청춘이다."라고 말하는, 세상 물정 모르는 어떤 어른들처럼.

하지만 전 세계 청소년들이 모두 여러분처럼 사는 것은 아닌 것 같다. 2010년 5월쯤, 다른 나라의 청소년 방과 후 활동을 견학하기 위해 노르웨이, 스웨덴, 핀란드를 방문했었다. 그때 마지막 기착지가 핀란드 헬싱키였다. 거기서 핀란드 중등교육_{중고등학교에서 실시하는 교육}을 담당하는 국장님을 뵐 기회가 있었다. 그분에게 핀란드 중등교육에 대한 여러 가지 이야기를 듣고 뒤이어 질의응답 시간이 이어졌다. 그때 우리 일행 중 한 분이 이런 질문을 했다.

"핀란드 청년들의 고민은 무엇인가요?"

좀 뜬금없는 질문이었지만, 당시에도 우리나라에서는 청년들의 취업난이 심각했기에 핀란드 청년들도 취업 걱정을 하는지 궁금했다. 핀란드 국장님이 뭐라고 대답했는지 상상해 보라. 아마 놀랄 것이다. 처음에는 고민이 없다고 했다. 당연하다고 생각했다. 복지국

기를 전공한 나는 핀란드가 세계에서 가장 복지가 잘된 나라이기에 그 나라 청년들에겐 취업 걱정이 없을 거라고 예상하고 있었다. 태어나면서 죽을 때까지 핀란드에 사는 사람이면 누구나 기본적인 생활을 보장받는다. 학비도 물론 필요 없다. 학생들은 학생수당을 지급받으니 부모님께 용돈을 받을 필요가 없고, 그러니 상대적으로 부모님의 간섭을 받을 이유도 별로 없다. 고등학교나 대학을 졸업하면 국가가 취업을 지원해 주고, 필요하면 생활비를 지급하며 추가로 훈련도 제공한다. 그래서 핀란드 국장님이 "핀란드 청년들은 고민이 없어요."라고 대답했을 때 대번에 수긍할 수 있었다.

그런데 잠시 후에 그분이 잘못 대답했다며, 핀란드 청년들도 고민이 있다고 정정했다. 그래서 속으로 그랬다. '그럼 그렇지. 세상에 고민 없는 사람이 어디 있을까?' 팔짱을 끼고 그분의 얘기를 이어서 들었다. 아이고, 그런데 그분이 뭐라고 했는지 짐작 가는가? 글쎄, 핀란드 청년들의 고민은 '세계 평화와 기후 위기'라는 것이다. 말도 안 된다. 어떻게 고민이 '세계 평화와 기후 위기'일 수 있을까? 대한민국에 살고 있는 청년들은 99%가 먹고사는 문제를 해결하기 위해 입시와 취업을 고민하는데 말이다.

고민이 깊어졌다. 도대체 무엇이 문제일까? 타고난 유전자가 문제일까? 우리나라 청소년들은 태어날 때부터 자신의 취업만 걱정하도록 이기적으로 태어났고, 핀란드 청년들은 세계 평화와 기후 위기를 걱정하는 이타적 유전자를 갖고 태어난 것일까? 그런데 여러분도 잘 알다시피, 유전자 때문일 리 없다. 핀란드 청년들이나 우리나라 청년들이나 모두 호모 사피엔스인데, 그럼 무엇이 두 선진국 청년들의 고민을 정반대로 향하게 했을까?

나는 이 책에서 여러분과 함께 왜 이런 차이가 만들어졌는지를 우리나라의 성장 과정을 통해 살펴보려고 한다. 아무리 생각해도 이해가 되지 않기 때문이다. 우리도 열심히 노력해서 세계인이 부러워하는 선진국이 되었는데, 여러분은 말할 것도 없고 어른들도 행복하지 않다. 이제부터 그 이야기보따리를 풀어 보려고 한다.

먼저 우리나라가 이룬 놀라운 성취에 대해 살펴보고 우리나라가 어떻게 세계인이 부러워하는 놀라운 성공을 이루었는지 이야기하려고 한다. 그다음은 우리나라의 이런 놀라운 성공과 공존하는 사회경제적 위기들에 대해 살펴본다. 이어서 우리나라의 놀라운 성공이 왜 불평등의 확산과 같은 심각한 사회경제적 위기의 원인이 되었는지를 생각해 보려고 한다.

역설적인 사실은, 우리나라 청소년들이 겪고 있는 어려움이 우리나라가 실패했기 때문이 아니라 우리나라가 성공했기 때문에 발생한 위기라는 점이다. 그래서 성공이 만든 위기를 극복하기 위해서 우리가 지금 무엇을 해야 하는지도 함께 생각해 본다.

자, 이제 출발해 보자.

차례

1 어머, 세상에
이런 나라가

먼저 신나는 이야기를 해 볼까 한다. 어깨가 으쓱해지는 이야기로, 여러분이 얼마나 대단한 나라에 살고 있는지를 알려 주어 자긍심을 '팍팍' 주려고 한다. 잘난 체하려고 이 이야기를 하는 것이 아니다. 우리가 직면한 현실이 아무리 힘들어도 좌절하거나 포기하지 않길 바라는 마음으로 이 이야기를 하려는 것이다. 우리 모두가 실패할 거라고, 불가능하다고 말했던 일을 해냈다면 지금 우리 앞에 놓인 어려움은 땀 좀 흘리면 오를 수 있는 작은 언덕처럼 보일 수도 있으니까.

돼지털에서 반도체까지

　귀여운 아기 돼지 한 마리가 있다. 그리고 그 옆에 검은색 물체가 있다. 검은색 물체가 무엇처럼 보이는가? 눈썰미가 좋은 사람은 금방 알아차릴 것이다. 반도체이다. 그러면 왜 내가 여러분에게 아기 돼지와 반도체를 함께 보여 주는 걸까? 요즘은 창의적 상상력이 중요한 시대이니 마음껏 상상해 보라. 내가 여러분의 대답을 들을 수는 없지만, 아주 창의적인 대답이 나올 것 같다. 맞고 틀리는 것은 걱정 마시고. 이 책을 읽는 동안 아무도 여러분을 평가하지 않으니 안심하길 바란다.

　예전에 이 그림을 보여 주니 어떤 분이 이렇게 말했다. "돼지에 반도체를 심어 스마트하게 키우는 것 아닌가요?" 와! 일리가 있는 답변인데, 아기 돼지가 싫어할 것 같다. 답은 우리나라의 주력 수출 품목이다. 돼지는 1950년대 우리나라의 주요 수출 품목 중 하나였다.

물론 돼지를 수출한 것은 아니다. 돼지의 털을 수출했다. 돼지털을 어디에 쓰냐고? 구두 닦는 솔을 혹시 보았는지 모르겠다. 구두 솔을 돼지털로 만든다 말 털이나 플라스틱으로도 만든다. 내가 어렸을 때는 구두 솔로 아빠의 구두를 닦아 드리고 용돈을 챙기곤 했다. 1960년대부터 경제개발이 본격적으로 이루어졌다고 하지만, 그 당시 우리나라의 주력 수출 품목은 가발, 합판, 신발이었다.

가발을 말하니 초등학교 저학년 때의 일이 기억난다. 1970년 중반이었나, 우리나라가 경제성장을 본격화한 지 거의 15년쯤 되고 먹을 것이 없는 절대빈곤 상황에서 벗어났을 무렵인데, 가끔 동네에 바퀴가 두 개 달린 리어카를 끌면서 "머리카락 삽니다~ 머리카락 삽니다~"라고 외치며 다니는 아저씨가 나타났다. 그 리어카 아저씨가 동네에 오는 날이면 아주머니들이 수건을 하나씩 들고 리어카 앞에 줄을 죽 섰다. 그러면 리어카 아저씨가 아주머니들의 긴 머리카락을 투박한 가위로 싹둑싹둑 잘라 저울에 올리고 머리카락 무게만큼 아주머니들에게 돈을 건넸다. 그러면 머리카락 값을 받은 아주머니들은 가져온 수건으로 머리를 덮고 아무 일 없었다는 듯 집으로 돌아갔다. 그때는 그 광경이 그저 신기했다. 머리카락이야 기다리면 자라고 어차피 잘라야 하는데, 그런 머리카락을 잘라 주고 돈을 받는다는 것이 마냥 신기했다.

그게 가발을 만들어 수출하기 위한 일이라는 것은 나중에 알게 되었다. 가난한 나라가 성장을 하려면 공장을 지어 국민들이 필요로 하는 물건을 생산하고, 더 나아가 외국에 그 물건을 팔아야 한다. 그런데 공장을 지으려면 공장을 짓는 데 쓰일 원자재가 있어야 하고 부품, 기계 등도 필요하다. 당시 우리나라처럼 가난한 나라는 산업 기반이 취약하고 천연자원도 없으니 필요한 원자재와 기계를 외국에서 사 와야 했다. 문제는 필요한 물건을 외국에서 사 오려면 외화, 즉 달러가 필요하다. 한국 돈으로 외국 기업이 만든 물건을 살 수는 없으니까.

달러를 벌려면 수출을 해야 하는데, 달러가 없으니 수출품을 만드는 데 필요한 원자재와 설비 등을 구입할 수 없고, 수출을 못 하니 달러가 있을 리 없었다. 그래서 당시 우리나라는 달러를 벌기 위한 고육지책으로 돼지털을 깎아 팔고, 사람 머리카락을 잘라 판 것이다. 오징어, 주석 등 팔 수 있는 물건은 다 팔았다. 그렇게 번 외화로 경제성장에 필요한 원자재와 기계, 부품을 외국에서 수입해 올 수 있었다. 물론 외국이 제공한 원조 물자와 차관도 큰 도움이 되었다.

놀라운 일은, 그렇게 돼지털과 가발을 만들어 팔던 가난한 나라가 1990년대부터 반도체를 만들어 팔기 시작한 것이다. 불과 30~40년 만에 일어난 일이다. 1950년 물가를 반영한 구매력 기준으로 우리나라998달러 보다 1인당 GDP가 훨씬 높았던 말레이시아 2,485달러, 필리핀1,706달러, 인도네시아1,280달러는 지금도 나라 경제에서 원자재 생산 비중이 여전히 높다는 사실을 생각하면, 우리나라의 성장은 정말 놀랍다. 반도체는 1990년대부터 우리나라의 주력 수출 품목이 되었다. 지금은^{2023년} 반도체 경기가 불황이라 자동차에 1위 자리를 잠시 내주었지만, 반도체는 줄곧 우리나라의 1위 수출 품목이다.

물론 최근에는 미국과 중국 간 경쟁이 치열해지고 국제 정세가 요동치면서 수출에 지나치게 의존하는 우리나라 경제구조의 취약성이 드러나고 있다. 메모리 반도체에 대한 의존도가 높은 경제구조에서 메모리 반도체 경기가 불황에 빠지자 나라 경제도 위기에 처하게 된 것이다. 예를 들어, 2023년 1월부터 4월까지의 우리나라 수출액은 2022년 1월부터 4월까지의 수출액보다 294.4억 달러 줄었는데, 그중 61.8%가 반도체 수출 감소로 인한 것이다. 과유불급^{넘치는 것은 모자람보다 못하다}이라고 했던가. 우리나라의 경제성장을 이끈 반도체가 지금은 우리나라 경제의 걱정거리가 되었다.

제 나이가 300세입니다?

우리나라는 1960년대부터 본격적으로 성장하기 시작해 지금은 선진국이 되어 있다. 외화를 벌기 위해 돼지털을 팔던 나라가 불과

60년 만에 선진국이 된 것이다. 우리가 얼마나 대단한 성공을 했는지는 국민 한 사람이 평균적으로 얼마만큼 생산했는지를 보여 주는 1인당 GDP의 변화를 보면 알 수 있다. 경제성장의 이면에는 복잡한 구조가 있지만, 간단하게 설명할 수도 있다. 경제가 성장한다는 것은 물건을 많이 만들고 서비스를 많이 생산하는 것이라고 생각하면 된다. 예를 들어, 구두를 열 켤레 생산하면 그 가치만큼 부가 늘어 성장했다고 보는 것이다. 물론 이러한 계산법은 문제도 많다. 구두를 만들면서 발생하는 환경오염 등은 계산하지 않기 때문이다. 그래서 경제성장이 반드시 좋은 일인지에 대해 논란의 여지가 있는 것이다.

어렵게 생각하지 말고 다음 그래프〔그림 1〕을 보자. 19세기 말부터 2018년까지 우리나라의 1인당 GDP 변화를 보여 주는 그래프이다. 여러 선들 중에서 '대한민국'의 선을 따라가 보자. 1960년대부터 그래프가 위로 올라가기 시작하는데, 굉장히 가파르다. 1880년과 2018년을 비교하면 우리나라의 1인당 GDP의 증가율이 무려 4,000%에 이른다. 일본이 제2차 세계대전의 패전을 딛고 놀라운 성공을 이루었다지만, 우리나라의 성장 속도에 미치지 못한다. 여기에 표시되어 있지 않지만, 중국도 우리나라의 성장 속도에 미치지 못하는 것은 마찬가지이다.

영국과 비교해도 우리나라가 얼마나 엄청난 속도로 성장했는지

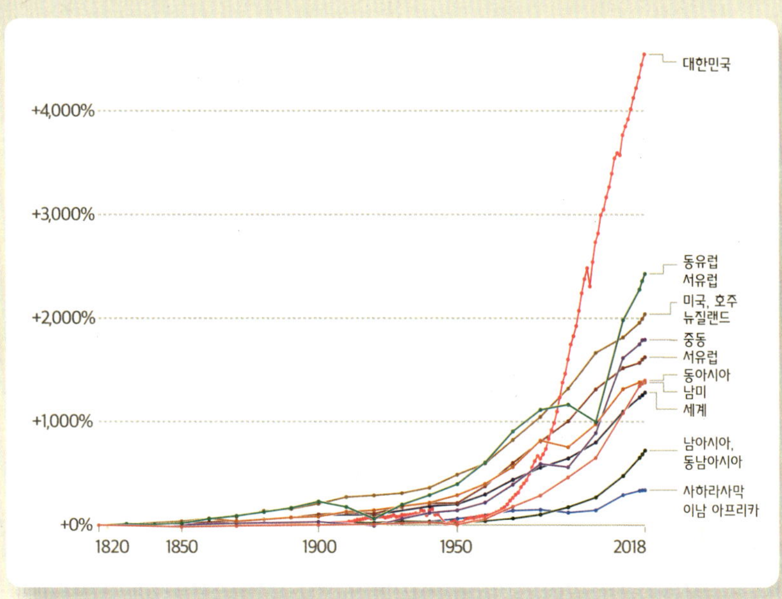

그림 1 1820~2018년, 1인당 GDP의 상대적 변화

확인할 수 있다. 영국은 산업혁명의 고향이자 한때 '해가 지지 않는 나라'로 불린, 세계에서 가장 힘세고 부유한 나라였다. 나는 1967년에 태어났다. 그해 한국의 1인당 GDP는 (물가를 반영한) 구매력 기준으로 대략 2,232달러였다. 반면 영국의 1인당 GDP가 1967년 한국과 비슷한 2,257달러였던 때는 1712년이었다. 무려 255년이라는 큰 격차가 있다. 그런데 2018년 기준으로 두 국가의 1인당 GDP를 비교하면 한국은 3만 7,928달러, 영국은 3만 8,058달러로 큰 차이가 없다. 그러니 나처럼 1967년에 태어난 사람은 영국인으로 치면 무려 300년이 넘는 시간 동안 겪은 경제적 변화를 불과 수십 년 만에 경험한 셈이다. 마치 1712년에 태어난 사람이 2023년에도 살아 있는 것처럼. 사회경제적 변화로 내 나이를 계산한다면, 나는 적어도 300세다.

뒤따라가는 경제에서 앞서가는 경제로 

우리나라의 경제적 성공이 더 놀라운 이유는 우리가 단순히 돈만 많은 부자 나라가 아니기 때문이다. 1인당 GDP로만 보면, 석유를 생산하는 자원 부국이 우리나라는 물론 서구 선진국보다 높은 경우가 얼마든지 있다. 예를 들어, 2018년 기준으로 석유 부국 아랍에미

리트연합국UAE과 쿠웨이트의 1인당 GDP는 한국의 두 배에 가까운 6만 달러 이상이다. 단순히 1인당 GDP로 치면 이들 나라의 성공이 더 놀라울 수 있다.

어떤 학자들은 한국의 성장이 단순히 많은 돈을 투자하고 값싼 노동력을 대량으로 투입해 얻은 결과라고 이야기한다. 지금까지 세상에 없던 새로운 것을 만드는 혁신을 통해 성장을 해 온 선진국과는 다르다는 것이다. 실제로 노벨 경제학상을 수상한 폴 크루그먼Paul Krugman은 "동아시아의 성장 모형은 과거 소련의 고도 성장기처럼 효율성을 높이는 방식보다 노동과 자본의 집약적 투입을 통해 이룬 성장"이라고 평가했다.

사실 많은 개발도상국이 경제성장 초기에 자본과 노동력을 대량으로 투입해 높은 성장률을 기록했다가 성장이 중간에 멈춘 경우가 많았다. 일반적으로 개발도상국들의 1인당 국민소득이 1만 달러 전후가 되면 성장이 멈추는 현상이 나타난다. 왜 이런 현상이 나타나는지에 대해서는 다양한 의견이 있다. 그중에서, 후진국이 선진국을 따라가면서 얻는 이득이 경제가 성장할수록 줄어들기 때문이라는 것이 공통된 주장이다. 뒤에서 따라가며 성장하다 보니 선진국이 경제성장 과정에서 겪은 시행착오를 최소화할 수는 있지만, 그 이상으로 발전하려면 지금까지 없었던 새로운 길을 가야 하는데 그게 쉽지 않다는 것이다. 그래서 대부분의 개발도상국들이 중간소득 함정에 빠지고 말았던 것이다.

　그런데 한국은 예외였다. 크루그먼의 주장과 달리 한국의 경제성장은 노동과 자본 같은 투입 요소만으로 이루어진 것이 아니기 때문이다. 자본과 노동의 투입만으로 성장을 이루었다면 한국은 중간소득 함정에서 벗어날 수 없었을 것이다. 최근까지 출간된 연구들을 종합해 보면, 1990년대 이후 한국의 경제성장은 자본과 노동의 투입은 물론 기술 발전과 혁신이 함께한 성장이었다. 한마디로, 한국은 가난한 나라의 경제가 어떻게 선진국형 경제로 변화할 수 있는지를 보여 주는 대표적 사례라고 할 수 있다. 조사기관에 따라 차이가 있지만, 실제로 한국은 세계에서 가장 혁신적인 국가로 분류되고 있다. 블룸버그는 2021년 한국을 세계에서 가장 혁신적인 국가로 꼽았으며 그 뒤를 싱가포르2위, 스위스3위, 독일 4위이 따르고 있다고 발표했다.

　이처럼 기술의 고도화가 더해지면서 한국은 1950년대에 돼지털을 수출하던 나라에서 1990년대에는 반도체와 같은 최첨단 제품을 수출하는 나라가 되었고, 2010년대에 들어서면서 영국, 프랑스, 독일, 일본 등 기존 선진국들과 어깨를 나란히 할 수 있는 국가로 발돋움했다. 2020년 기준으로 전 세계 수출 시장에서 한국이 점유한 비중은 2.9%로 중국, 미국, 독일, 일본, 네덜란드에 이어 세계 6위다.

독재에서 민주주의로

우리나라의 성공은 경제적 성공에 그치지 않는다. 민주주의를 시민 스스로 쟁취하며 마침내 산업화와 민주화를 동시에 이루어 냈기 때문이다 서구에서는 이를 이중혁명이라고 부른다. 우리나라는 1945년 8월 일제강점기에서 벗어났지만, 해방 이후 무려 40년 가까이 독재 치하에 있었다. 1987년 6월 민주항쟁으로 독재 정권을 끝내고 민주주의 사회가 되었으니, 민주주의를 제대로 실행해 본 기간이 40년도 채 되지 않는다. 나 같은 50대는 태어나서 대학생이 될 때까지 독재 정권에서 살았다. 학교에서는 자유와 민주주의를 배우는데, 밖에 나가 보면 대낮에도 경찰이 대로에서 지나가는 사람들의 가방을 아무런 이유 없이 수시로 수색하는 광경을 거의 매일 보았다. 그런 나라가 경제성장에 이어 민주주의까지 이루어 낸 것이다. 일본의 뒤를 이어 고도 경제성장을 이뤄서 한때 '아시아의 4마리 용' 한국, 홍콩, 싱가포르, 대만으로 불렸던 싱가포르와 홍콩도 우리나라처럼 놀라운 경제성장을 이루었지만 그 성장이 민주주의로 이어지지는 못했다. 중국도 마찬가지다.

영국의 주간지 〈이코노미스트〉의 조사에 따르면, 2021년 기준으로 한국8.16점의 민주주의는 세계 167개국 중 16위를 차지하며 완전한 민주주의8.01~10점로 분류된다. 민주주의의 본고장이라는 영국

8.10점이 18위로 한국보다 낮고, 미국7.85점, 26위과 프랑스7.99점, 22위는 결함 있는 민주주의6.01~8점로 분류되는데, 이런 사실들을 보면 한국의 성취는 놀라운 일이 아닐 수 없다.

스웨덴의 한 연구기관민주주의다양성연구소에서는 민주주의의 5가지 원칙선거, 자유, 참여, 심의, 평등을 기준으로 각국의 민주주의가 어떻게 변화해 왔는지를 측정한다. 이 지수는 우리나라의 민주주의가 일제강점기에서 벗어난 1945년부터 2021년까지 어떻게 변화했는지를 보여 준다.

한국의 민주주의는 일제강점기에서 벗어난 1945년부터 자라기 시작해 이승만 독재 정권하에서 정체를 경험한다. 이 기간 동안 우리나라의 민주주의 수준은 필리핀보다 더 낮았다. 1960년 4 · 19혁명을 거치면서 일시적으로 자라난 민주주의는 박정희와 전두환 군사독재 정권을 거치면서 다시 침체의 늪으로 빠져든다. 독재 정권의 탄압 아래서 민주주의는 곧 질식사할 것 같았다.

그러나 1987년 민주항쟁을 거치면서 우리나라의 민주주의는 다시 급격히 성장했고, 2000년대 들어 영국, 일본 등과 유사한 수준에 다다르게 된다. 민주화 이후 누가 집권하는지에 따라 민주주의의 수준이 출렁이기는 했지만, 수십 년간의 독재를 이겨 내고 시민의 손으로 쟁취한 한국의 민주주의에는 대단한 힘이 내재해 있다. 2016~2017년 촛불시민항쟁을 거치면서 한국의 민주주의는 다시

그림 2 2016년 10월 29일, 박근혜 전 대통령의 퇴진을 요구하는
서울 도심의 촛불집회 모습.

그 실체를 드러내며 아시아를 넘어 세계에서 가장 강력한 민주주의 국가가 되었다.

민주주의의 새로운 희망 

2016~2017년의 촛불시민항쟁은 한국의 민주주의를 세계에 보여 준 한 편의 거대한 드라마 같았다. 이 기간에 집회에 참여한 사람의 수만 연인원 기준으로 무려 1,700만 명에 달했다. 연인원이라는 개념이 집회에 참여한 숫자를 중복해서 계산한 것이니, 우리나라 국민 5,000만 명 중 1,700만 명이 참여했다는 이야기는 아니다. 한 사람이 다섯 번 집회에 참여하면 연인원 5명이 참여한 것으로 중복 계산되기 때문이다. 여하튼 많을 때는 100만 명이 넘는 사람들이 서울 광화문광장에 모였다. 정말 어마어마한 규모였다. 그런데 더 놀라운 일은 정부에 반대하는 집회에 100만 명이 넘는 사람들이 모였는데도 큰 불상사가 거의 없었다는 것이다. 가끔 유럽과 미국에서 정부에 항의하는 집회를 보도하는 뉴스를 보면, 집회에 참여하는 사람들이 건물과 기물을 부수거나 불태우는 일이 빈번하게 일어난다. 심지어 일부 사람들이 가게를 약탈하는 경우도 있다. 그런데 한국에서는 100만 명이 넘는 사람들이 정부에 항의하는 대규모 집회

에 참여했는데도 불상사가 없었다. 집회 분위기도 정부에 항의하는 집회라기보다 공연과 구호가 어우러지는 축제의 장 같았다.

그 광경이 얼마나 놀라웠던지, 유럽에서 민주주의를 연구하는 학자들이 촛불시민항쟁을 참관하기 위해 한국에 방문하는 일도 있었다. 독일의 유력 일간지 디 차이트Die Zeit는 "한국의 시위는 민주주의의 모범"이라고 평가하면서 "민주주의의 발원지인 유럽과 미국이 한국의 민주주의를 배워야 한다."고 논평할 정도였다. 독일의 에버트 재단은 한국의 촛불시민항쟁에 참여했던 시민들을 2017년 인권상 수상자로 선정하기도 했다. "민주적 참여권의 평화적 행사와 평화적 집회의 자유는 민주주의의 필수 요소"이고 "한국인들의 촛불시민항쟁이 이 중요한 사실을 세계 시민들에게 각인시키는 계기가 됐다."고 선정 이유를 밝혔다.

민주주의를 지키고 발전시키는 일은 쉽지 않다. 아마 앞으로도 민주주의가 퇴행하는 경우는 종종 있을 것이고 희망이 없는 것처럼 보일 때도 있을 것 같다. 하지만 지난 100년 동안 한국인은 고난과 시련을 겪으면서도 자유와 민주주의라는 가치를 어떻게 지킬 수 있는지를 실천으로 보여 주었다. 우리는 민주주의를 시작한 지 반세기도 되지 않아 세계에서 가장 찬란하게 빛나는 민주주의를 실천하고 있다.

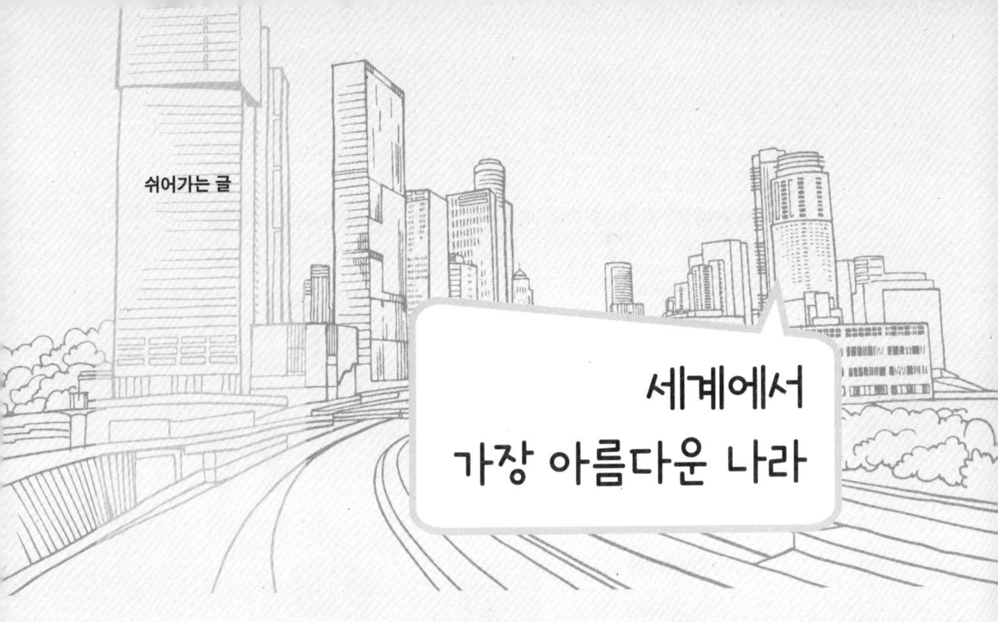

"나는 우리나라가 세계에서 가장 아름다운 나라가 되기를 원한다. 가장 부강한 나라가 되기를 원하는 것이 아니다. … 인류의 이 정신을 배양하는 것은 오직 문화이다. 나는 우리나라가 남의 것을 모방하는 나라가 되지 말고, 이러한 높고 새로운 문화의 근원이 되고, 목표가 되고, 모범이 되기를 원한다. 그래서 진정한 세계의 평화가 우리나라에서, 우리나라로 말미암아서 세계에 실현되기를 원한다."

김구, 《백범일지》

백범 김구 선생은 예언자였을까? 어떻게 전 세계인이 한국 문화를 즐길 것이라는 예상을 하신 걸까? 놀라운 일이다. 백범 선생께서 이 글을 쓰셨을 때가 광복 직후 좌우가 격렬하게 대립하면서 남북한 단독정부 수립이 논의되던 혼란한 시기였다는 점을 생각하면 지금 생각해도 놀랍다. 분단이 기정사실화되면서 모두가 좌절할 때 '우리나라가 세계

그림 3 2023년 듀오링고에서 가장 많이 공부한 언어 순위 자료.

에서 가장 아름다운 나라'가 되기를 꿈꾸다니. 평범한 사람으로서는 감히 품을 수 없는 기계崇計라고 생각한다.

　지금의 여러분은 한국 음악을 듣고, 드라마를 보고, 한국 웹툰을 보는 것이 너무나 평범한 일상이기 때문에 우리나라가 어떤 시대를 거쳐 왔는지 잘 모를 수도 있다. 그러나 1990년대 이전만 해도 한국 문화는 한국인도 즐기지 않는 문화였다. 평일 저녁이면 어린이들이 삼삼오오 모여 〈아톰〉, 〈독수리 오형제〉, 〈황금박쥐〉 등 일본이 만든 TV 만화 영화를 보고, 주말이면 미국 드라마와 영화를 보는 것이 일상이었으니까. 〈맥가이버〉, 〈600만 불의 사나이〉, 〈소머즈〉, 〈원더우먼〉 등은 내가 즐겨 보던 미국 드라마였다. 일요일 아침 10시쯤으로 기억하는데, 〈초원의 집〉을 보았던 것 같다. 미국판 〈전원일기〉라고 할 수 있는 드라마다. 주말 저녁이면 〈주말의 명화〉라는 프로그램에서 방영하는 외국 영화를 보면서 한 주를 마무리했다. 조금 더 적극적으로 미국 영화를 보고 싶으면 한국에 주둔해 있는 미군을 위한 방송국 AFKN 에서 틀어 주는 영화를 보았다. 영어를 알아들을 수 없어 그림만 보았지만, 지금도 기억에 남는 것은 늦은 새벽까지 친구들과 함께 더스틴 호프먼이 주연을 맡았던 1967년 작 영화 〈졸업 the Graduate 〉을 본 것이다. 음악은 주로 미국 대중음악을 들었고, 빌보드 차트는 중고등학생들이 친구들과 대화를 나누기 위해서 반드시 챙겨 보아야 할 소중한 정보였다. 한국 음악은 평소에는 거의 즐기지 않다가 소풍을 가거나 아주 예외적인 경우에, 지금으로 치면 트로트를 불렀던 것 같다. 친구들이 모이면 서로에 대해 "지금 방금 미주 순회공연을 마치고 귀국한 OOO을 소개합니다."라는 소개 멘트를 외치면서 놀았다. 미주 순회공연은 교포들이 많은 곳에서 공연을 하고 오는 것이 대부분이었다. 그래서 아무리 관대하게 평가해도, 한류는 우리와 정서가 비슷한 동아시아와 동남아시아에 국한된 현상 정도로 생각했다.

그래서 싸이의 〈강남 스타일〉이 전 세계를 휩쓸 때에도, 봉준호 감독이 〈기생충〉으로 4개의 아카데미상을 받았을 때도 일시적이고 일회적인 사건이라고 생각했다.

그런데 지금 전 세계인이 한국 드라마와 영화를 보고, 한국 음악을 들으며, 한국 웹툰을 즐기고 있다. 실례로 2023년 3월 18일부터 19일까지 대만 남부의 가오슝에서 블랙핑크 월드투어 콘서트가 있었는데 38만 원인 입장권이 무려 45배 높은 1,729만 원에 거래되는 일도 있었다. 한국 문화의 국제적 위상이 완전히 달라진 것이다. 내가 잘 아는 교수님은 코로나19 팬데믹 이전에 1년 동안 연구차 스웨덴에서 지냈는데, 중학생 자녀를 스웨덴 학교에 보내면서 인종차별로 상처받는 것은 아닌지 걱정을 많이 했다고 한다. 그런데 이게 웬일인가. 전교생이 한국에서 학생이 왔다며 지대한 관심을 보였고, 쉬는 시간에 한국인 학생을 보려고 모여들기까지 했다고 한다. 최근 이탈리아를 방문해 교포와 유학생을 만났는데, 그들도 비슷한 경험을 이야기했다. 한 이탈리아 유학생은 지도교수가 "내 아이들이 한국을 너무 좋아한다. 집에 한번 초대해도 되겠느냐."고 문의할 정도라고 한다. 내가 미국으로 유학을 갔던 1990년대만 해도 상상할 수 없었던 일이다.

그래서인지 한국어의 인기도 대단하다. 글로벌 언어 학습 애플리케이션 〈듀오링고〉의 집계에 따르면 한국어는 2023년 기준으로 세계에서 사람들이 가장 많이 학습한 언어 순위에서 6위에 올랐다고 한다. 중국어도 제칠 만큼 그 기세가 대단하다. 한국의 글로벌 소프트 파워 지수는 2022년 기준으로 12위를 기록했다. 물론 한국은 국제사회 명성 22위, 국제관계 22위 등에서는 여전히 순위가 낮지만 한국보다 앞선 순위에 있는 국가들이 대부분 전통적 강대국이고 서구 국가라는 점을 고려하면 한국의 약진은 놀라울 따름이다.

한국의 성공 이야기는 이처럼 단순히 경제적 성공에 그치지 않는다. 경제적 성공이 정치적 민주화를 이끌었고, 민주주의가 공고화되면서 자유로운 창작 활동이 가능해졌다. 전북대 신문방송학과 강준만 명예교수는 한국 문화를 논평하면서 "나라를 빼앗긴 일제 치하에서도, 민주주의를 박탈당한 군사독재 정권 치하에서도 엔터테인먼트 문화는 전혀 주눅 들지 않고 내내 번성했다."라고 이야기했다. 맞는 말이다. 하지만 산업화와 민주화가 없었다면 비판적이고 창의적인 지금의 한류는 상상할 수 없었을 것이다. 한국은 이렇게 그 어떤 개발도상국도 해내지 못한 경제적, 정치적, 문화적 선진화를 이루어 냈다. 누군가 이런 이야기를 한 것을 들은 적이 있다. "한국인은 세계에서 가장 길게 일하고 가장 밤늦게까지 노는 사람들이다." 맞는 말이다.

2 놀라운 성공은
어떻게 만들어졌나

우리나라 사람들은 어떻게 이렇게 말도 안 되는 기적 같은 성공을 이룬 것일까? 이번 장에서는 한국이 이룬 놀라운 성공의 비밀을 이야기할 생각이다. 흥미로운 이야기가 되겠지만, 여기서 성공의 이유를 이야기하는 데는 다른 목적이 있다. 우리나라가 어떻게 성공했는지를 들으면서, 동시에 우리가 직면한 불평등과 같은 사회경제적 위기의 원인을 찾아보려는 것이다. 이미 이야기했지만, 지금 우리나라가 직면한 위기의 가장 중요한 원인은 바로 우리나라가 성공했던 그 방식에 있다.

그 사람 때문이야?

　한 사람이 성공하려면 개인의 역량과 노력이 중요할까? 아니면 개인을 둘러싼 사회경제적 구조와 조건이 더 중요할까? 여러분과 직접적으로 관련이 있는 질문으로 바꿔 보자. 여러분 중 누군가가 전교 1등을 했다면 개인의 역량과 노력 때문일까? 아니면 능력 있고 돈 많은 부모가 있고, 좋은 학원과 학교를 다니고 있기 때문일까? 판단하기 어려운 문제다. 아무리 비싸고 실력 좋은 학원을 다니고 능력 있는 부모가 있어도 여러분이 열심히 공부하지 않는다면 전교 1등은커녕 중간 정도의 성적을 유지하는 것도 어렵기 때문이다. 반대로 가정형편상 사교육을 받을 수 없는 조건이라면 아무리 노력해도 좋은 성적을 내는 것 역시 쉽지 않은 것이 현실이다. 정답은 아마 두 주장 사이 어딘가에 있을 것 같다. 물론 어려운 가정환경보다는 유복한 가정환경에서 능력 있는 개인이 열심히 노력한다면 상대적으로 좋은 성적을 얻을 기회가 커질 것이다.

　그러면 국가의 성공은 어떨까? 개인의 성공과 국가의 성공을 동일선상에서 비교하는 것은 적절하지 않을 수 있지만, 한번 생각해 보라. 우리나라의 놀라운 성공은 어떻게 가능했는지. 매우 논쟁적인 질문이다. 모든 사람이 100% 동의하는 답이 있는 것도 아니다. 아마 어떤 분들은 '박정희 1917~1979년'라는 걸출한 지도자가 있었기 때문이라고 이야기할 것 같다. 박정희 전 대통령에 대해 비판적인 분들도 "다른 건 몰라도 경제 하나는 박정희가 잘했지."라고 이야기를 할 수도 있다. 또 다른 분들은 박정희 한 사람 때문이 아니라 우리나라 국민들이 열심히 노력한 덕분이라고 이야기할 것 같다.

그렇다. 아무리 뛰어난 역량을 갖춘 지도자가 있어도 국민들이 함께 노력하지 않는다면 나라의 성공은 불가능하다. 이런 이야기를 들으며 손사래 치는 분들도 있을 것 같다. 존 리라는 재미 한인 학자는 "한국을 둘러싼 국제분업이 한국의 놀라운 성공을 가능하게 했다."고 이야기한다. 국민들이 똑똑하고 열심히 일한 것도 중요한 역할을 했지만, 1960년대 이후 조성된 세계경제 환경이 우리나라가 놀라운 성공을 이루어 낸 결정적 원인이었다는 것이다.

사실 어떤 사회경제적 현상이나 역사적 사건의 원인을 설명할 때 구조가 중요한지 사람이 중요한지는 사회과학을 포함해 인간을 연구하는 학문이 풀지 못한 난제 중에 난제이다. 러시아가 배출한 대문호 레프 톨스토이 Lev Tolstoy, 1828~1910년 는 대작 《전쟁과 평화》에서 여러 페이지에 걸쳐 개인의 의지가 역사에서 어떤 역할을 하는지를 서술했다. 그리고 다른 사람의 말을 빌려 '역사적 인물은 시대의 산물'이라고 결론짓는다. 역사는 위대한 영웅이 결정하는 것이 아니라 시대라는 운이 만들어 낸 산물이라는 것이다. 생각해 보라. 만약 1917년에 아기 '박정희'가 식민지 조선이 아니라 아프리카 케

냐에서 태어났다면, 2023년 케냐도 경제적 · 정치적 · 문화적으로 우리나라처럼 놀라운 성공을 이루었을까? 아마 그렇다고 이야기하기 어려울 것 같다. 애플 컴퓨터와 아이폰을 만들어 혁신의 아이콘이라고 칭송받는 스티브 잡스Steve Jobs, 1955~2011년도 미국이 아니라 저개발국에서 태어났다면 아마 그가 이룬 성취의 10%도 이루지 못했을 가능성이 높다.

"역사란 현재와 과거의 끊임없는 대화"라는 유명한 말을 남긴 에드워드 카Edward H. Carr, 1892~1982년는 자신의 가장 유명한 저작인 《역사란 무엇인가》에서 이 문제와 관련해 이렇게 이야기한다. "역사를 특정인의 영웅적 행위의 결과로 이해하는 것은 시대라는 큰 그림을 놓치는 것이다." 카는 개인이 역사의 물줄기를 바꾼다는 생각은 역사를 제대로 이해하는 데 방해가 되는 '흉물스러운 머리'라며 혹독하게 비판했다. 박정희라는 인물이 없었더라도 우리나라는 지금과 유사한 성공을 이루어 냈을 것이라고 이야기하는 것이다. 물론 100% 동일한 모습의 성공은 아니겠지만. 우리와 유사한 성공 경험이 있는 대만과 싱가포르가 그랬고, 우리보다 먼저 경제성장의 기적을 이룬 일본도 그랬으니까. 이 국가들에도 리콴유1923~2015년, 장제스1887~1975년와 같은 근대화의 영웅이 있었다. 유사한 시기에 싱가포르, 대만, 한국에서 유사한 역할을 한 인물들이 성장을 이끈 건 우연치고는 참으로 신기한 일이다.

그렇다고 역사가 만들어지는 과정에서 능력 있고 열정적인 개인의 역할을 부정하는 것은 적절하지 않은 것 같다. 역사적 인물은 시대가 만들어 낸 결과로 이해하는 것이 타당할 것 같다. 카를 마르크스라는 유명한 철학자가 이야기한 것처럼 '개인은 역사를 만들 수 있지만, 역사는 개인이 원하는 대로가 아니라 개인이 선택한 조건 속에서, 주어진 환경 속에서, 물려받은 역사적 유산 속에서 만들어지는 것'이 아닐까. 우리가 부모를 선택할 수 없는 것처럼 개인이 아무리 뛰어나도 자신이 태어난 시대와 유산을 변화시킬 수는 없으니까 말이다.

역사적 인물에 대한 평가도 그 인물이 살았던 시대에 이루어진 평가와 사후에 이루어진 평가가 있고 시간이 지나면서 평가들이 달라진다는 점을 고려하면, 역사적 인물이란 결국 시대라는 조건에서 역사에 큰 영향을 미치는 사람이라고 할 수 있다. 그러니 우리가 우리나라의 놀라운 성공을 특정인의 치적으로 이해하는 것은 적절하지 않다. 20세 후반에 한국 사회가 직면한 시대적 조건이 한국이 놀라운 성공을 이루는 기본 전제였다면 여러분의 할머니, 할아버지, 엄마, 아빠와 같은 수많은 개인들의 노력이 그 전제 위에서 꽃 피우며 우리나라의 놀라운 성공을 이끈 것이다.

평등한 사회가 만든 기적

　우리나라가 놀라운 성공을 이룬 데는 다양한 이유가 있겠지만, 평등한 사회를 만들려는 노력이 가장 중요한 이유였다고 생각한다. 평등이라고 하니 거부감을 느끼는 사람도 있을 것 같다. "여기가 공산국가냐. 열심히 노력한 사람과 게으른 사람이 평등한 보상을 받아선 안 된다."라고 말하는 분도 있을 것이다. 일리가 있는 생각이다. 다만 노력에 대한 보상과 인간으로서 누려야 하는 평등한 권리와 인권은 구분되어야 한다. 게으른 사람이든 부지런히 사는 사람이든 그 누구도 침해할 수 없는 인간의 존엄성은 동등하게 보장받아야 하니까. 인간이라면 그 사람이 누구인지 어떤 노력을 했는지와는 관계없이 인간으로서 최소한의 품위와 문화적 생활을 누릴 권리가 있다.

　노력에 대한 보상의 측면에서 평등에 관한 문제는 나와 여러분의 생각이 크게 다르지 않으리라고 생각한다. 왜냐하면 내가 여기서 말하는 평등은 모든 사람이 자신의 노력과 관계없이 모든 면에서 같아야 한다는 의미의 평등이 아니기 때문이다. 내가 말하는 평등은 상대적으로 유사한 조건에서 경쟁할 수 있는 출발점, 즉 기회의 평등을 이야기하는 것이다. 생각해 보라. 100미터 달리기 경주를 하는데 어떤 사람은 출발선에서, 어떤 사람은 결승선을 10미터

앞둔 90미터 지점에서 경주를 시작한다면 어떻게 될까? 아마 90미터 지점에서 출발한 사람이 조깅하듯 뛰어도 출발선에서 전력을 다해 달린 사람보다 더 일찍 결승선을 통과할 가능성이 높다.

다시 본론으로 돌아가면, 나는 우리나라가 놀라운 성공을 이룰 수 있었던 큰 힘 중 하나는 일제강점기에서 벗어난 이후 의도적으로 평등한 출발선을 만들었기 때문이라고 생각한다. 1945년 8월 15일 이전, 즉 우리나라가 일제로부터 벗어난 광복일 이전의 상황을 보자. 일제는 우리나라를 경제적으로 침탈하기 시작한 19세기부터 1876년 조일수호조규, 일명 강화도조약 우리나라를 자신들의 산업화에 필요한 값싼 쌀을 공급하는 식량 생산 기지로 만들려고 했다. 여기서 잠깐! 일제가 군함으로 조선을 위협하며 개항을 요구했기 때문에 당시 일본이 대단한 강대국이었겠다고 생각할 수도 있는데, 1876년을 기준으로 보면 일본은 조선과 마찬가지로 여전히 산업화를 이루지 못한 농업 국가였다.

산업화를 하려면 도시의 공장에서 일할 노동력이 풍부해야 한다. 그러면 공장에서 일할 노동력은 어디에 있을까? 그렇다. 농촌이다. 산업화가 본격적으로 시작되기 전까지 대부분의 노동력은 농업에 집중되어 있었다. 그래서 산업화를 위해서는 농업을 하던 사람들을 공장이 있는 도시로 이주시켜야만 했다. 그런데 그렇게 하려면 그 노동자들이 농사를 짓지 않고도 먹고 살 수 있게 해주어야 한다. 다시 말해, 공장에서 일하면 임금을 주어서 그 돈으로 먹고 살 수 있게 해야 한다. 이때 공장 노동자들에게 임금을 후하게 주면 좋겠지만, 이제 막 산업화를 시작한 나라의 공장에서 만든 상품은 값이 싸야 경쟁력을 유지할 수 있다. 원자재 값이 고정되어 있다면 생산품의 가격을 낮출 방법은 노동자들의 임금을 낮추는 것뿐이다. 저임금에 노동자를 고용해야 가격경쟁력이라도 확보할 수 있으니까. 그런데 노동자에게 임금을 적게 주려면 노동자가 그 돈으로도 먹고 살 수 있을 만큼 생활비 부담이 적어야 한다. 그러려면 우선적으로 쌀 값이 저렴해야 한다. 그래서 일본은 조선을 쌀을 저렴하게 공급할 식량 생산 기지로 만들려고 했던 것이다. 실제로 1900년경 일본으로 수출되는 쌀의 60~70%가 일본 산업화의 중심지인 한신 공업지대에 공급되었다.

그런데 쌀은 다른 작물들과 달리, 많은 노동력과 농업용수를 안정적으로 공급하기 위한 대규모 관개시설이 필요하다. 이런 쌀농사의 특성 때문에 쌀 생산을 늘리려면 소규모 경작자보다는 대규모 경작자가 더 유리하고 어느 정도 돈이 있어야 관개시설을 유지하면서 농사를 지을 수 있다. 더 나아가 평범한 농민은 먹고 살기도 충분하지 않으니 농사를 짓고 남는 쌀이 없었지만, 지주는 소작인 가족과 자기 가족을 먹이고도 남을 만큼 쌀이 넘쳐났으니 남은 쌀을 일본에 팔 수 있었다. 아무리 밥을 많이 먹는 지주라도 한 끼에 열 그

룻을 먹지는 못할 테니까.

그래서 일제는 조선을 불법적으로 강점하는 동안 지주에게 유리한 농업정책을 폈다. 그 영향으로 일제강점기에 자기 땅이 없어 지주의 땅에서 농사를 짓는 사람들이 점점 늘어났고, 지주들은 점점 더 많은 땅을 갖게 되었다. 소작농 가구 수는 1913년 83만 가구에서 1944년 148만 가구로 무려 78.3%나 증가했다. 반면 남의 땅과 자기 땅에 농사를 짓는 자소작농 가구는 1913년 107만 가구에서 1944년 73만 가구로 급격히 줄어들었다31.8% 감소. 그래서 우리나라가 광복을 맞이했을 무렵 대부분의 사람들은 남의 땅을 빌려 농사를 짓는 소작농이었다.

소작농 대부분은 남의 땅에서 농사를 지으면서 생산물의 50% 이상을 지주에게 지대로 바치고 세금도 납부해야 했으니 당장 입에 풀칠하기도 힘든 것은 물론 자녀를 학교에 보내는 것도, 새로운 미래를 상상하는 것도 어려웠을 것이다. 그저 하루하루 살아갈 수 있다는 것을 감사한 일이라고 생각했을 것이다.

이런 사회구조가 지속되다 보니 일제가 물러났는데도 사람들의 살림살이는 나아지지 않았다. 남북 분단도 크게 영향을 미쳤을 것이다. 그래서 그런지 일제강점기가 더 좋았다는 사람들도 있었다. 실제로 1946년 4월 초 미 군정이 실시한 여론조사에서 '해방된 지금보다 일제강점기 때가 더 살기 좋았다'는 응답이 무려 49%에 달했다. 그후에 한국전쟁을 겪으면서 살림살이는 더 팍팍해졌다.

해방 이후 우리나라에서는 일제와 일본인이 소유했던 땅의 처리를 두고 논란이 일었다. 그런 상황에서 남한의 농민들은, 소련이 점령하고 있던 북한에서는 토지개혁을 통해 농민들에게 농지를 평등하게 나누어 주었다는 소식을 듣게 되었다. 아마 당시 우리나라의 농민들도 자기 땅을 갖고 싶다는 강렬한 욕구가 있었을 것이다. 더욱이 일제가 남긴 땅도 있고 북한에서는 토지개혁을 했다고 하니, 남한에서도 농지개혁을 못 할 이유가 없다고 생각했을 것이다. 인구의 대다수를 차지하는 농민들의 강력한 요구와 북한이 토지개혁을 했다는 사실에, 그동안 농지개혁을 반대하던 미 군정도 어쩔 수 없이 농지개혁을 염두에 둘 수밖에 없었다. 남한 주민들이 공산주의를 지지하지 않게 하기 위해서라도 시급히 농지개혁을 해야 한다는 것이 미 군정의 생각이었다. 그래서 미 군정은 한국인 지주들이 반대하는데도 일본인들이 소유하고 있던 농지를 농민들에게 유상으로 나누어 주었다. 미 군정이 농지개혁을 했으니, 미 군정 이후에 집권한 이승만 정부도 농지개혁을 안 할 수가 없었다. 이승만 정부는 농지개혁을 통해 3정보 이상의 땅을 가진 지주들의 농지를 매입해 토지가 없는 농민들에게 유상으로 나누어 주는 농지개혁을 실행했다.

지주에게 돈을 주고 농지를 매입해서 돈을 받고 농민들에게 팔았

그림 4 이승만 정권에서 농지개혁의 보상으로 지주에게 지급한 지가증권.

다지만 유상매입, 유상분배, 정부가 지주들에게 농지 대금으로 지불한 것은 돈이 아니라 지가증권이었다. 지가증권은 농지를 판 지주가 받을 농지 대금을 공식적으로 거래되는 쌀 가격 공정미가으로 환산해 5년간 나누어 지급하는 방식이었다. 그런데 환산에 쓰인 쌀의 공식 가격은 당시 시장에서 실제 거래되는 가격의 30~40%에 불과했다. 즉 지주는 실제 농지 가격의 1/3 가격으로 농지를 넘기고, 반면 농지를 분배받은 농민은 5년에 걸쳐 연간 생산물의 30%를 현물로 납부하는 셈이었다. 정부의 입장에서 보면 싸게 사서 비싸게 파는 방식이었다.

여하튼 농민들은 농지개혁을 통해 처음으로 자기 땅을 갖게 된 것이다. 그리고 그 영향력은 대단했다. 한국전쟁이 일어났을 때 농민들이 북한에 동조하지 않았던 이유 중 하나도 전쟁 전에 이미 농지개혁이 시작되었기 때문이었다. 더욱이 북한의 토지개혁은 농민에게 농지 소유권을 주는 방식이 아니라 농사를 지을 권리만 주었기 때문에 땅을 갖고 싶은 농민들의 욕구를 만족시키지 못했다. 농지개혁이 한국의 공산화를 막는 중요한 역할을 한 것이다. 역설적인 상황이었다. 지주에게서 강제로 농지를 헐값으로 구매해 농민들에게 유상으로 나누어 주는 정책은 공산주의 정권에서나 있을 법한 일인데, 그 정책으로 인해 남한 사람들이 공산주의에 동조하지 않게 된 것이다.

자기 땅을 갖게 된 농민들이 무엇을 했을까 생각해 보자. 유상으로 분배 받은 농지 대금을 갚고 세금도 내야 했으니, 과거보다 생활 수준이 급격히 좋아지지는 않았을 것이다. 그래도 남의 땅에서 농사를 짓는 것보다는 나았을 것이다. 더욱이 이제 모두가 유사한 면적의 농지를 갖게 되었으니, 사람들은 자신의 노력 정도에 따라 다른 삶을 살 수 있다고 생각했을 것이다. 그래서 그 당시의 사람들, 즉 여러분의 부모님의 할머니와 할아버지증조할머니와 증조할아버지가 선택한 것은 자녀를 공부시키는 것이었다. 지금도 그렇지 않은가. 살림이 어렵더라도 자녀의 공부를 지원하는 것만큼은 인색하지 않은 것이 한국의 부모들이다. 그렇게 공부한 사람들이 1970년대에 중화학공업 중심의 산업화가 본격화했을 때 산업화를 담당하는 핵심 노동자가 되었다. 그리고 모두가 평등한 세상, 출발선이 같아진 세상에서 더 나은 삶을 위해 새로운 도전을 시작했다. 출발선이 같다면 누구든 노력 정도에 따라 성공과 실패가 갈릴 테니까. 농지개혁이 얼마나 대단한 제도였는가 하면, 지금으로 치면 삼성전자, 현대자동차, LG전자 등 기업의 주식을 모든 국민에게 똑같이 나누어 준 것과 같다고 생각하면 된다.

이렇게 농지개혁은 한국 사회를 평등한 사회로 만들었고, 그렇게 만들어진 평등한 사회에서 많은 사람이 더 나은 삶을 꿈꿀 수 있었다. 제2차 세계대전 이후에 식민지에서 독립한 아시아, 남미, 아프리카의 많은 국가가 한국과 같은 성공 스토리를 쓰지 못한 이유 중 하나는 그들이 식민지 시대부터 이어져 내려오던 심각한 불평등을 해소하지 못했기 때문이다. 그들의 국가에선 식민지 시절에 권세와 부를 누렸던 지배계층이 독립 이후에도 계속 부와 권세를 누렸다. 그들 대부분이 지주였으니, 독립한 국가를 농업사회에서 산업사회로 전환하는 것이 쉽지 않았던 것이다. 한국의 놀라운 성공 스토리는 그래서 평등한 사회로부터 시작되었다고 할 수 있다.

국가 주도로 이룬 산업화 

경제문제에 국가가 개입하는 것이 좋을까? 아니면 개입하지 않는 것이 좋을까? 그대로 두면 경제는 수요와 공급이라는 '보이지 않는 손'에 의해 균형을 찾고, 제한된 자원을 바람직하게 배분할까? 유럽과 북미의 선진국들이 선진국으로 발전할 수 있었던 이유는 국가 개입을 최소화하는 자유시장경제의 원칙을 지켰기 때문일까?

역사는 우리가 신문과 텔레비전 뉴스, 교과서에서 배우는 것과는 사뭇 다르다. 세상에서 그 어떤 국가도 국가의 효과적인 개입 없이 빈곤에서 벗어나 번영을 이룬 사례는 없었다. 가장 먼저 산업혁명을 완수해 '해가 지지 않는 나라'라는 명성과 제국주의와 식민주의라는 오명을 동시에 얻었던 영국도 산업화 과정에서 국가의 역할이 지대했다. 산업혁명 당시 가장 중요했던 섬유산업의 경쟁력을 높이기 위해 영국은 섬유 수입을 억제하고, 섬유기계를 잘 아는 장인들의 해외 이주를 금지했다. 또한 도시에 노동력을 원활하게 공급하기 위해 농민들의 삶의 터전이었던 농촌의 공유지를 사유화해 농민들의 도시 이주를 촉진했다. 이 정도로도 부족했는지 도시에서 일하지 않고 구걸하는 사람들을 채찍으로 때리고 가두면서 공장에서 일하도록 강제했다. 이 과정을 촉진하기 위해 만들어진 정책이 유럽에서 최초의 복지 정책이라고 알려진 빈민법^{구빈법}이다.

제2차 세계대전 이후 서유럽이 전쟁의 폐허를 딛고 다시 번영을 누릴 수 있었던 것도 국가의 개입이 없었다면 불가능했을 일이다. 미국도 마찬가지였다. 현재 미국과 중국 간에 첨단 기술인 반도체를 둘러싸고 벌어지는 경쟁의 주체 또한 국가이다. 반도체가 국가의 지원을 통해 군사적 필요를 위해 개발되었다는 것은 너무나 잘 알려진 사실이다. 도널드 트럼프 전 미국 대통령이 자국의 산업을 보호하기 위해 중국에서 수입되는 상품에 대규모 관세를 부과하고, 조 바이든 대통령이 반도체와 관련한 첨단 기술을 중국으로 수출하는 것을 금지하고, 미국이 자국에 반도체 공장을 짓는 기업에 엄청난 보조금을 지급하는 것도 경제와 관련해 국가가 어떤 역할을 하는지를 보여 주는 대표적 사례다.

단언하건대, 국가의 개입 없이 시장의 보이지 않는 손에 의해 빈곤에서 벗어나 번영을 이룬 사례는 단 한 건도 없었다. 한국의 놀라운 성공이 국가 개입 없는 자유시장경제를 추구했기 때문이라고 말한다면, 사실을 왜곡하는 것이다. 한국 정부는 1950년대 후반부터 경제개발 계획을 세우고 경제 발전을 위해 적극적으로 시장에 개입했다. 군사 쿠데타로 집권한 박정희 정권의 놀라운 경제적 성공도 국가의 적극적인 역할이 없었다면 불가능한 일이었다. 한국이 1970년대부터 경제구조를 가발, 의류 등 경공업 중심에서 전자, 조선, 비철금속, 기계, 전자, 화학공업 등 중화학공업으로 전환하려고 했을 때도 국가의 역할이 지대했다. 세계은행은 한국 정부가 중화학공업화를 시작한다고 하자 실현 가능성이 없는 정책이라고 반대했었다.

사실 한국처럼 아무것도 없는 가난한 나라가 경제성장을 이루려면 두 가지 길 중 하나를 선택해야 한다. 하나는 중소기업을 중심으로 경제성장을 추진하는 것이고, 다른 하나는 대기업을 중심으로 위로부터 성장을 이끄는 것이다. 중요한 것은 어느 방식을 선택하든 국가의 적극적 역할은 필수라는 점이다. 한국이 걸었던 길은 바로 두 번째 길이다. 자원이 제한된 상황에서 한국은 경쟁력 있는 상품을 만들기 위해 경쟁력 있는 기업에 자원을 몰아주는 방식을 선택했다. 그 과정에서 지금은 세계적 기업으로 성장한 현대, 삼성,

LG 등과 같은 대기업이 탄생한 것이다. 현대중공업이 지금과 같이 세계에서 가장 경쟁력 있는 배를 만들 수 있었던 것도 국가의 전폭적인 지원이 있었기에 가능한 일이었다.

현대중공업이 외국 선주의 주문에 따라 처음 유조선을 만들었을 때 이런 일이 있었다. 선주는 유조선을 반으로 나누어 건조하기를 요구했다. 현대중공업은 선주의 요청대로 배를 두 조각으로 나누어 건조한 후 하나로 합쳐 유조선을 완성하려 했다. 그런데 두 조각을 각각 완성한 후 하나로 합치려고 하니 맞지 않는 부분이 발견되었다. 결국 선주가 요구했던 납기일을 맞추지 못했고, 선주는 유조선 인수를 거부했다. 이때 우리나라 정부가 발벗고 나서서 그 배를 활용해 현대가 해운업을 시작할 수 있도록 지원했다.

반도체도 마찬가지였다. 고 이병철 삼성 회장이 반도체 사업을 시작할 때도 경험이 전혀 없는 삼성에 정부는 당시 돈으로 무려 4억 달러를 투자했다. 정부가 시중 은행에 압력을 가해 삼성에 낮은 이자율로 돈을 빌려주라고 강제했던 액수는 아마도 4억 달러보다 더 많았을 것이다. 한국 기업이 글로벌 기업으로 성장할 수 있었던 중요한 요인 중 하나는 국가가 모든 자원을 대기업에 몰아주었기 때문이다. 이런 의미에서 한국의 대기업은 국민들에게 빚을 지고 있다고 할 수 있다.

한국은 국가의 개입으로 경제성장을 이룬, 그것도 놀라운 성장을 이룬 대표적인 나라다. 1980년대 이후 미국과 영국을 중심으로 국가의 역할을 제한하고 시장의 역할을 확대하는 신자유주의 이론을 따르는 사람들이 한국의 놀라운 성장이 시장자유주의를 따랐기 때문이라고 주장할 때도 있었다. 하지만 한국 정부가 자동차는 물론 반도체까지 적극적으로 계획하고 지원했다는 점은 분명했고, 결국 세계은행을 포함해 시장자유주의를 지지했던 사람들은 한국의 놀라운 성장이 '정부의 성공적인 개입'에 의한 것이라고 인정했다. 이를 보면 경제 발전 및 성장과 관련해 시장이냐 국가냐 하는 질문 자체가 잘못되었다고 볼 수 있다. 시장이 제대로 돌아가기 위해서는 국가의 적극적 개입이 필수이기 때문이다. 산업화 초기에 국가의 역할이 얼마나 중요한지는 말할 필요도 없다.

이런 점에서 당시 한국은 경제개발과 관련해서는 유능한 국가였다. 그리고 그 유능한 국가를 운영했던 훌륭한 관료들, 기업에서 일했던 역량 있는 노동자들 모두 평등해진 사회가 길러낸, 평범한 가정 출신의 교육 잘 받은 인재들이었다.

세계경제의 흐름에 올라타기

시대가 영웅을 만든다는 말이 있다. 국가의 번영도 마찬가지다.

아무리 준비가 잘되어 있어도 시대의 흐름을 타지 못하면 성공을 일궈 내기 어렵다. 그 반대도 마찬가지이다. 준비된 국민과 국가만 시대의 흐름을 탈 수 있다. 이런 관점에서 보면 우리나라에서는 준비된 사람들이 시대의 흐름을 정말 잘 타 왔다. 재미 학자 존 리도 한국의 놀라운 성공을 대외적인 요인에서 찾았다38쪽 참고.

우리나라 경제는 두 번의 도약기를 거쳤다. 첫 번째 도약기는 우리가 잘 알고 있는 1960년대부터 1980년대까지이고, 두 번째 도약기는 1990년대부터 2010년대까지이다. 한국의 경제성장 시기를 꼽으라고 하면 대부분의 사람들은 첫 번째 도약기를 언급한다. 그런데 첫 번째 도약기에 한국은 가난한 나라에서는 벗어났지만 선진국으로 도약하지는 못했다. 앞서 살펴본 것처럼 첫 번째 도약기의 한국처럼 산업화를 통해 가난한 나라에서 벗어난 나라는 동남아시아와 남미 국가들에서 종종 볼 수 있다. 한국이 선진국으로 진입하는 데는 두 번째 도약기가 중요했다. 1990년대부터 2010년대까지인데, 이때 중간소득 함정에 빠지지 않고 선진국으로 도약했기 때문이다.

한국 경제가 도약했던 두 시기에는 공통점이 있다. 우연이냐 의도적이냐에 대해서는 논란이 있겠지만, 분명한 것은 우리나라가 세계경제의 흐름을 아주 잘 따라갔다는 것이다. 첫 번째 시기에는 저개발국과 개발도상국 대부분이 필요한 상품을 외국에서 수입하지 않고 국내에서 생산하는 내수 중심의 성장 방식인 '수입대체산업'을 채택했지만, 한국은 수입대체산업과 수출 중심의 산업을 순환시키는 방식으로 놀라운 성장을 이루어 냈다. 개발도상국들이 수입대체산업 성장 전략을 선택한 이유는 크게 두 가지였다.

하나는, 제1차 세계대전 이전에 많은 개발도상국은 원자재를 외국에 수출하는 방식으로 경제를 성장시켰다. 그런데 1929년 대공황을 거치면서 선진국이 국내 산업을 보호하기 위해 관세를 높이자 원자재와 같은 1차 상품을 수출했던 많은 개발도상국이 혹독한 경제적 어려움을 겪게 된다. 개발도상국의 이런 경험은 제2차 세계대전 이후 수출 중심이 아닌 내수 중심의 성장 전략을 선택한 이유가 되었다.

또 다른 이유는, 자유무역이 개발도상국의 발전에 도움이 되지 않았기 때문이다. 제2차 세계대전 이후 관세를 내리고 자유무역을 위한 국제적 조건 GATT: 관세 및 무역에 관한 일반 협정이 만들어졌다. 여러분이 학교에서 배운 비교우위에 따라 공산품을 잘 만드는 선진국과 농산물과 원자재에 상대적으로 경쟁력이 있는 개발도상국이 각자 잘하는 것을 생산해 교역한다는 것이 주요 내용이었다. 그런데 십수 년이 지나도 선진국과 개발도상국의 격차가 줄어들기는커녕 더 벌어졌다. 자유무역이 부자 나라는 더 부유하게, 가난한 나라는 더 가난하게 만든 것이다. 이 역시 개발도상국들이 필요한 물건을 선진국에서 수입하는 대신 국내에서 만드는 수입대체산업 전략을 취하게 된 이유가 되었다.

상황이 이렇게 되니, 1960년대 당시에 수출을 통해 성장하려는 나라가 한국 등 일부 국가를 제외하면 거의 없었다. 경쟁이 최소화된 상태에서 한국은 수출 중심의 성장 방식으로 놀라운 성공을 이루어 낸다. 특히 한국은, 앞에서 말했듯, 수출할 매력적인 원자재가 없었기에 상품을 만들어 수출해야 했다. 처음에는 돼지털, 가발 등을 수출했지만 이윤이 많이 남지 않았다. 더 큰 이윤을 남기기 위해서는 수출 상품의 품질을 고도화할 필요가 있었다.

고품질 상품을 생산해 본 적 없는 한국 기업이 만든 물건이 처음부터 국제시장에서 경쟁력을 갖기는 어려웠을 것이다. 그래서 우리는 우선 수입품을 국산화하는 전략을 취했다. 예를 들어, 라디오를 만들어 본 적 없는 한국 기업도 노력하면 라디오는 만들 수 있다. 그러나 품질은 수출할 수 없을 정도로 조악할 것이다. 이때 정부는 외국산 라디오의 수입을 금지하거나 높은 관세를 부과해 수입을 제한한다. 그러면 라디오 방송을 듣고 싶은 국민들은 품질 나쁜 국산 라디오를 시장에서 비싼 가격으로 구매할 수밖에 없다. 라디오를 만든 기업은 이렇게 보호된 시장에서 이윤을 얻고, 그 이윤을 재투자함으로써 라디오의 품질을 점점 높여 갈 것이다. 그때부터 기업은 자신이 생산한 라디오를 외국에 내다 판다. 이렇게 수입대체산업

전략과 수출을 병행하면서 한국은 놀라운 성장을 이루었던 것이다.

국제적으로 보면 1960년대와 1970년대는 일본이 경공업과 오염 물질을 많이 배출하는 중화학공업에서 벗어나, 산업구조를 고도화한 시기였다. 이때 한국 기업들은 일본에서 사양산업이 된 중화학공업을 유치해 산업구조를 경공업에서 중화학공업 위주로 전환했다. 국제 생산 체계에서 일본의 하위 파트너가 되면서 세계시장에 뛰어든 것이다. 이것 역시 대성공이었다.

두 번째 시기에는, 1960년대와 1970년대의 일본이 그랬던 것처럼, 중간소득 함정에 빠지지 않으려면 부가가치를 많이 창출하는 상품을 생산하는 구조로 산업을 고도화할 필요가 있었다. 대표적인 산업이 전자 산업이다. 구체적으로, 지금 우리가 반도체라고 말하는 것이다.

미국은 반도체를 처음으로 만든 나라이다. 그 영향으로 지금도 반도체 장비와 설계로 내로라하는 많은 기업이 미국에 있다. 그런데 1960년대와 1980년대를 지나면서 일본이 미국을 제치고 반도체 강국으로 등장한다. 일반적으로 우리는 반도체를 가전제품, 컴퓨터, 휴대전화 등에 들어가는 전자 부품 정도로만 생각하지만, 사실 반도체는 국가 안보와 밀접하게 관련된 핵심 부품이다. 정밀한 대륙간탄도탄, 폭격기 등 수많은 군수품에 반도체가 필요하다. 그런 반도체 시장을 일본에 빼앗긴 것이 미국에는 충격이었다.

미국은 일본이 미국을 넘어서는 반도체 강국으로 성장하는 것을 막기 위해 고민을 거듭한다. 그리고 마침내 한국을 찾아낸다. 적의 적은 친구라고 하듯, 미국은 일본을 견제하기 위해 한국을 적극 활용했고, 한국에 메모리 반도체를 생산할 수 있는 길을 열어 주었다. 그리고 삼성이 그 일을 해낸다. 국가의 전폭적인 지원, 그리고 미국이 제공하는 기술과 시장 덕분에 우리가 잘 아는 것처럼 일본을 제치고 세계 제일의 메모리 반도체 생산 업체이자 수출 업체가 된다. 2018년 기준으로 반도체 생산이 국내총생산GDP에서 차지하는 비중이 6.7%이고, 수출의 20.0%를 담당하고 있다. 2019년 기준으로 한국은 세계 2위의 반도체 생산국이고, 메모리 반도체의 세계시장 점유율은 무려 58.4%이다. 반도체 분야에 종사하는 노동자만 17만 5,000명에 이른다. 미국이 일본을 견제하지 않았다면 삼성과 SK하이닉스에는 기회가 없었을 것이고, 한국도 지금과 같이 최첨단 제품을 생산하고 수출하는 나라가 될 수 없었을지도 모른다.

여기에 중국이라는 기회도 찾아온다. 2001년 중국이 세계무역기구WTO에 정식 회원국으로 가입한다. 중국이 세계의 공장이 되는 순간이었다. 중국은 해외에서 핵심 부품과 소재를 수입해 최종 상품을 조립해서 수출하는 방식으로 성장을 했기 때문에 한국에는 두 번 다시 없는 기회가 찾아온 것이다. 중국이 세계의 공장이 되어 갈수록 한국으로부터 중간재와 설비를 더 많이 수입했고, 덕분에 우

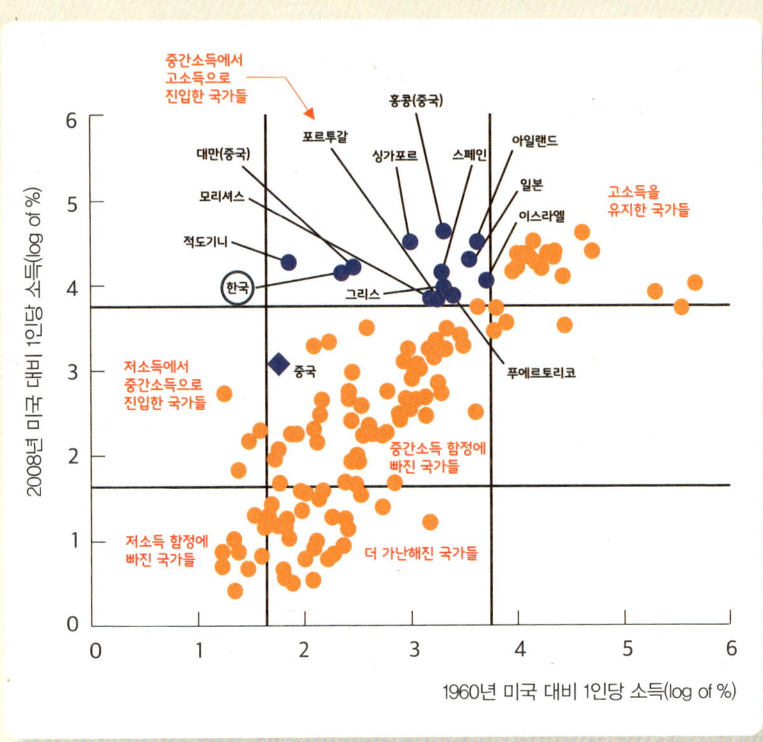

그림 5 미국의 1인당 소득 대비 국가별 1인당 소득, 어떤 국가가 중간소득 함정에서 탈출했을까? (1960년과 2008년 비교)

박정희 대통령이 집권한 1960년대부터 1970년대까지 우리나라는 놀라운 성장을 거듭했다. 하지만 세계사적으로 보면 박정희 집권 시기에 우리나라가 이룬 경제성장은 그리 놀라운 일이 아닐 수도 있다. 적어도 1인당 GDP를 기준으로 보면 1960년대와 1970년대에 우리나라가 이룬 정도의 경제성장을 이룬 개발도상국들이 매우 많았기 때문이다. 세계은행에 따르면 제2차 세계대전 이후 가난했던, 무려 100개가 넘는 개발도상국들이 우리나라가 박정희 대통령이 집권했던 시기에 이룬 경제성장을 달성했다.

〔그림 5〕는 이런 현실을 잘 보여준다. 파란색으로 표시된 13개국을 제외하면, 대부분의 개발도상국가가 중간소득 함정에서 빠져나오지 못했다. 그런데 중간소득 함정에 빠지지 않은 13개국지역을 자세히 살펴보면 아일랜드, 그리스, 스페인, 포르투갈 등 4개국은 서유럽 국가이고, 싱가포르와 홍콩은 도시국가지역이다. 자원 부국인 모리셔스와 적도기니, 그리고 제2차 세계대전 이전에 산업화를 완료했던 일본, 중국과 미국의 한 지역으로 간주되는 대만과 푸에르토리코를 제외하면 남는 국가는 한국이 유일하다.

다시 말해, 한국의 놀라운 성공은 1960년대와 1970년대에 박정희 정권이 이룬 성장이기보다는 우리나라가 중간소득 함정에서 빠져나와 고소득 국가로 진입한 1990년대 이후의 성장에 있다고 할 수 있다. 이 책에서 우리나라가 어려움에 직면한 이유는 우리나라가 실패했기 때문이 아니라 성공했기 때문이라고 주장하는 시기도 바로 이 1990년대 이후의 경제성장을 이야기하는 것이다.

리나라는 중간소득 함정에 빠지지 않고 2000년대 이후에도 성장을 지속할 수 있었다. 물론 중국이 유일한 성장의 원동력이라고 말할 수는 없지만, 중국의 역할이 중요했다는 사실은 부정할 수 없다. 즉 한국의 놀라운 성공은 변화하는 세계경제의 흐름을 잘 타면서 이루어졌다. 지금도 상황은 변하지 않았다. 세계경제의 변화에 편승하는 국가는 성장을 지속하고 그렇지 못한 국가는 도태된다.

한국 경제를 일군 노동자들

이 책을 읽고 있는 여러분 대부분은 노동자가 될 것이다. 이 글을 쓰고 있는 나 역시 노동자다. 나는 대학교에 고용되어 월급을 받으며 연구와 강의를 한다. 기업체에서 일하는 노동자와 다를 것이 없다. 물론 하는 일은 차이가 있겠지만. 본론으로 돌아가면, 우리 대부분은 평생 노동자로 살거나, 평생은 아니더라도 일정 기간 동안 노동자로 살아간다. 여러분이 대학생이 되어서 편의점이나 식당에서 아르바이트를 한다면 그 시간 동안은 노동자인 것이다. 그런데 사람들은 노동자들이 노동자의 권익을 지키기 위해 만든 노동조합을 신뢰하지 않는다. 한국행정연구원에서 조사한 자료에 따르면 우리나라 국민 중 노동조합을 신뢰하는 비율은 2022년 기준으로 43.1%

였다. 주요 사회기관 중 꼴찌에서 두 번째이다. 반면 대기업에 대한 신뢰도는 57.6%로, 노동조합에 대한 신뢰도보다 14.5%p나 높다.

노동조합에 대한 가장 부정적인 인식은 '임금 올려 달라고 막무가내로 떼를 쓰고 부당한 요구를 하는 집단'인 것 같다. 심지어 경제성장을 방해하는 훼방꾼으로 여기는 경우도 있다. 그런데 노동조합이 없다면 노동자 개인이 고용주의 부당한 요구에 어떻게 "NO"라고 말할 수 있을까? 부당하게 해고당해도, 임금이 삭감되어도 개인이라면 회사를 상대로 자신의 권리를 지킬 수 없을 가능성이 높다. 연구에 따르면, 노동조합이 있으면 임금도 안정되고 노동환경도 좋아진다.

더욱이 한국의 놀라운 경제성장은 인내하고 헌신하는 노동자들이 없었다면 불가능했을 것이다. 자원과 기술이 없는 나라에서 생산한 상품을 수출해 경제를 성장시키려면 생산한 상품이 매력적이어야 한다. 한국도 산업화 초기엔 후발국이었기에 선진국이 생산한 상품보다 더 좋은 상품을 생산하기는 어려웠다. 선진국에 사는 사람들이 한국이 생산한 상품을 사게 하려면 한국 상품에 특별한 매력이 있어야 했다. 그게 무엇일까? 디자인과 사후서비스AS와 같은 고품질 서비스를 제공할 역량이 있었다면 좋았겠지만, 이제 막 산업화를 시작한 나라가 그런 서비스를 제공하기는 어려웠다. 물론 품질도 선진국에 비해 뒤졌을 것이다. 그러한 상황에서 선진국 사

람들이 우리가 생산한 물건을 사게 할 수 있는 비결은 단 하나, 가격
이었다. 품질은 좀 떨어져도 가격이 저렴하면 구매 동기가 생겨날
수 있다. 가격경쟁력을 유지하려면 비용을 낮추어야 하는데, 비용
을 낮추는 가장 효과적인 방법은 노동자에게 주는 임금 수준을 낮
추는 것이다.

저렴한 가격은 산업화 초기에 한국 기업이 만든 상품의 가격경쟁
력을 높여준 비결이었다. 이를 위해 산업화 시기에 여러분의 할아
버지, 할머니는 저임금에도 하루 평균 12시간 이상 일하면서 한국
경제의 성장을 일구어 냈다. 1960년대 봉제 공장과 가발 공장에서
일한 대부분의 노동자들은 초등학교를 졸업한 10대에서 20대 초반
의 여성들이었다. 1970년대 중화학공업 기업에서 일했던 노동자들
은 대부분 중등 교육을 받은 남성 노동자들이었는데, 관리자의 일
상적 폭언을 감내하면서 어렵고 위험한 일들을 장시간 묵묵히 해냈
다. 당시 노동자들의 처우가 얼마나 열악했던지, 독재 정권이 언론
을 통제하는 상황에서도 정부의 기관지와 같았던 서울신문에 이런
기사가 실렸다.

…요즘 영등포 공장 지대엔 여직공들의 가난을 비관한 자살
이 잇따랐다. … 월 3,500원을 받는 H제과의 송 모 양(19)의 말
을 들어 보면 월간 최소한의 숙식비가 약 3,000원, 옷가지라도

사 입고 몇 백 원씩이라도 저축을 하자면 야근, 특근을 해야 한다. 그래서 하루 평균 10~16시간의 격무를 치르다 보니 여공 대부분의 건강은 말이 아니라는 것이다.

경제성장이 중요한 시절이라 임금 인상은 뒤로 밀렸다. 노동자들은 나중에 우리나라가 잘살게 되면 그때 제대로 임금을 받을 수 있을 것이라는 기대를 품을 수밖에 없었고, 생산성이 높아지고 기업의 이윤이 커져도 저임금을 받으며 그 시기를 버텨 내야 했다. 실제로 그 시절 노동자의 임금으로는 가족을 부양할 수도 없었다. 노동조합은 꿈도 꿀 수 없었다. 근로기준법에 따라 노동조합을 만들고 노동자의 권리를 요구하면 '공산주의자의 책동에 놀아나는 빨갱이'라는 비난을 받았고 경찰에 잡혀가는 일도 비일비재했다. 얼마나 답답했으면 22세의 젊은 청년 전태일이 "근로기준법을 준수하라! 우리는 기계가 아니다! 일요일은 쉬게 하라! 노동자들을 혹사하지 마라! 내 죽음을 헛되이 하지 말라!"라고 외치며 자기 몸에 휘발유를 뿌리고 불을 붙였을까. 이렇듯 우리나라의 놀라운 성장은 여러분의 할머니, 할아버지 세대의 피, 땀, 눈물로 이루어진 것이다. 세월이 흘러 선진국이 된 지금, 국가와 기업은 노동자에게 약속했던 '선성장 후분배' 약속을 지켰을까? 여러분이 판단해 보라.

그림 6 노동자 청년 전태일의 생전 모습.

시민의 힘으로 쟁취한 민주주의 

　한국의 경제성장이 단순히 물질적 풍요에 머물렀다면 경제 발전은 이미 빛이 바랬을 것이고, 한국이 성공했다고 말하는 것조차 논란이 되었을 것이다. 한국의 경제성장은 민주주의의 발전을 가져왔다는 점에서 아주 큰 의미가 있다. 경제적 성취를 이루고 물질적 풍요를 누리는 국가 중에는 여전히 언론·출판·집회·결사의 자유가 보장되지 않고 민주적으로 국가 지도자를 뽑을 권리가 제한되는 경우가 있기 때문이다. 이렇게 보면 경제 발전이 자동적으로 민주주의의 발전을 가져오는 것은 아니라는 사실이 분명해 보인다. 그래서 한국의 놀라운 경제적 성취는 반드시 민주주의의 발전을 함께 이야기할 때 의미가 있다고 생각한다.

　지금 우리는 자유롭고 민주적인 사회에 살고 있다. 단체를 조직할 자유가 있고, 정부에 반대하고 대통령을 비판할 수도 있다. 대통령을 비판한다고 불이익을 받거나 경찰에 연행되지 않는다. 하고 싶은 이야기가 있다면, 다른 사람을 혐오하거나 차별하는 것이 아니라면, 언제나 말할 수 있다. 이런 자유와 민주주의가 우리에겐 너무나 자연스러운 일이라 지금 민주주의국가에 살고 있다는 것이 대수롭지 않게 생각될 수도 있다. 하지만 우리가 누리는 자유와 민주주의는 그냥 얻어진 것이 아니다. 여러분도 잘 알고 있듯이 우리나라가 일제강점기에서 벗어나 정부를 수립한 이후 1987년 6월 민주 항쟁을 통해 민주화를 이루기까지 수십 년간 독재 정권의 치하에서 살았다.

놀라운 점은, 독재 정권의 탄압이 아무리 거세도 그 기간 동안 우리나라 사람들은 단 한 번도 자유와 민주주의에 대한 열망을 포기한 적이 없었다는 것이다. 1960년 4 · 19 혁명에서 시작해 1960년대와 1970년대의 박정희 독재 정권에 대한 저항과 1980년 5 · 18 민주화운동을 거쳐 1987년 6월 민주항쟁까지, 그 과정에서 죽고 다치고 민주주의를 위해 개인의 행복을 포기한 사람이 한둘이 아니었음에도 시민들의 자유와 민주주의에 대한 열망은 꺼질 줄 몰랐다.

생각해 보라. 1980년대만 해도 전체 고등학교 졸업자 중 대학에 진학하는 비율은 20% 정도였다. 대학에 입학했다는 사실만으로도 귀한 대접을 받는 시절이어서 대학을 졸업하면 당연히 괜찮은 회사에 입사해 안정적인 생활을 할 수 있었다. 그런데 그런 대학생들이 독재 정권과 싸우기 위해 학교를 그만두고 공장에 들어가고 감옥에 끌려가는 일이 많았다. 지금은 그들 중의 일부가 기득권 세력으로 불리며 온갖 비난을 받고 있지만, 그런 사람들은 소수다. 우리나라의 민주화는 드러나지 않는 곳에서 묵묵히 자신을 희생해 온 수많은 사람이 이룬 역사라는 것을 기억해야 한다. 자신의 인생을 사회적 대의를 위해 희생하는 일은 지금도 그렇지만 과거에도 쉬운 일이 아니었다.

흥미로운 점은 한국의 민주화가 독재 세력을 한꺼번에 제거하는 방식이 아니라, 권위주의 세력의 기득권을 인정하고 타협하는 방식으로 이루어졌다는 것이다. 그래서 한국의 민주화는 논쟁거리다. 독재 정권을 무너뜨리고 민주화를 이루었지만, 독재 정권의 핵심 인물들은 민주화 이후에도 여전히 기득권을 유지했기 때문이다. 더욱이 4·19 혁명부터 6월 민주항쟁까지 민주화운동을 주도했던 시민, 학생 등 민주화 세력은 민주화 과정에서 철저히 배제되었다. 피와 땀을 흘려 민주주의를 이룬 것은 그들인데, 그 과실을 가져간 것은 권위주의 세력과 제도권에 있었던 사람들이었다. 우리가 이룬 민주화는 바로 이런 역설 위에 있는 것이다.

존경하는 교수님이 있다. 대학에서 학생들을 가르치기 전에 한국의 대표적인 대기업 중 한 곳에서 연구직으로 근무하신 분인데, 우연한 기회에 당시 일화를 들을 수 있었다. 한국의 대기업이 어떻게 어려움을 극복하면서 글로벌 기업으로 성장했는지를 생생히 느낄 수 있는 일화였다. 그 기업에서 생산하려고 했던 제품은 당시로서는 최첨단 제품이었고, 그 제품을 생산할 수 있는 기술은 외국 기업만 갖고 있었다고 한다. 한국의 대기업도 그 제품을 생산하고 싶어서 연구에 연구를 거듭했지만 쉽지 않았다고 한다. 그래도 어떻게 생산에 필요한 설비와 재료는 갖추었으나 아무리 고민해도 설비를 어떻게 배치해야 하는지는 알 수 없었다고 한다.

그래서 그 외국 기업에 한국 대기업의 대표가 직접 생산 현장을 방문할 것을 제안했다고 한다. 그러자 그 외국 기업은 그 제안을 수락하는 대신 최소한의 수행원만 동행하고, 엔지니어는 생산 현장을 방문할 수 없다는 조건을 달았다고 한다. 설비의 배치를 알기 위해서는 설비에 대해 잘 아는 엔지니어가 반드시 현장을 봐야 하는데 엔지니어의 현장 방문을 금지하니 고민이 이만저만이 아니었단다. 그래서 생각해 낸 것이, 엔지니어를 대표의 일반 수행원으로 위장하고 대표와 동행해 생산 현장을 방문하는 것이었다. 그 엔지니어가 교수님이었다. 사전에 예행연습을 했겠지만, 현장에 직접 가니 엄청나게 긴장되었을 것이다. 현장에 도착해 설비를 거의 다 둘러보았을 즈음 기업 대표가 몸이 불편하다며 현장을 떠났고 일정도 자연스레 끝났다. 기업의 대표는 수행원으로 위장한 교수님에게 조금 전에 본 설비 배치도를 그대로 그려 보라고 지시했다. 교수님은 해당 분야 전공자이니 생산 설비에 익숙했고, 자신이 본 대로 그림을 그렸다. 그리고 한국에 돌아와 그대로 설비를 배치하면서 그렇게 원하던 제품을 본격적으로 생산할 수 있었다고 한다.

이처럼 한국의 대기업에도 수많은 우여곡절이 있었다. 포항제철이 철광석을 녹여 쇳물을 만들고 이를 다시 철강 판이나 막대기로 만드는 설비를 모두 갖춘 일관제철소를 만들기 위해 얼마나 눈물겨운 노력을 했는지는 잘 알려진 사실이다. 일본에 연수를 보내기 위해 연수생을 선발해 교육하고, 이들을 연수 보내 해외에서 기술을 습득하게 하는 과정은 결코 순탄하지 않았다. 선진국 제철소의 모든 것을 배우기 위해 하루 24시간을 긴장 상태로 지냈고, 보고 느낀 것은 무엇이 되었든 아무리 피곤해도 그날 정리하면서 기술을 익혔다고 한다. 때로는 외국 기업이 감추는 기술을 몰래 훔쳐보기도 하면서 말이다.

《한국 기업의 기술혁신》에는 한국 기업의 눈물겨운 이야기들이 잔뜩 담겨 있다. 잠깐, 우리나라가 외국, 일본의 기술을 훔쳐서 성공했다는 비난의 목소리가 있는 것 같다. 물론 정당한 방법은 아니지만, 후발국이 선발국을 따라가는 과정에서 선발국의 기술을 배우기도 하고 훔치기도 했다는 것은 엄연한 역사적 사실이다. 한때 일본 기업들도 서구의 기술을 훔친 것으로 악명이 높았다. 오죽했으면 서구 국가들과 일본 간에 일본 기업이 서구의 기술을 훔치는 것을 막기 위한 협정까지 맺었을까.

우리나라의 대기업들은 외국에서 핵심 부품, 소재, 장비를 수입해 최첨단 자동화 장비를 활용해 최종재를 만들어 수출하면서 성장했다. 하지만 앞서 이야기한 것처럼 설비를 갖추고 소재와 부품을 수입한다고 해서 모두 한국의 기업들처럼 최고의 제품을 만들 수 있는 것은 아니다. 그 최첨단 설비를 기업의 실정에 맞게 운영하면서 더 좋은 품질의 제품을 만드는 것은 온전히 기업의 노력 여하에 달려 있다. 지속적인 공정 혁신을 위한 기업의 노력이 없었다면 지금의 선진국 한국도, 글로벌 기업도 없었을 것이다. 다만 한 가지 분명히 해야 할 것이 있다. 한국 기업이 선진국 기업을 따라잡은 것은 주로 정보통신 기술과 같은 기술 주기가 짧은 제품들이었다. 이 분야는 첨단 설비를 갖추면 상대적으로 용이하게 선진국을 따라잡을 수 있다는 특징이 있다. 물론 이미 언급했지만, 설비를 효율적으로 다루며 공정 혁신을 이루기 위한 노력이 필요하다. 반면 노동자의 숙련된 기술과 오랜 연구를 축적해야 생산할 수 있는 바이오 의약품과 같은 제품은 선진국과의 격차가 여전히 큰 것이 현실이다.

3 불행한 선진국

여러분은 놀라운 성공을 이룬 나라 대한민국에 사는 것에 자긍심을 가져도 좋다. 동시에 선진국 대한민국이 직면한 현실을 직시하는 지혜가 필요하다. 지금부터는, 조금 우울한 이야기이지만, 선진국 대한민국의 화려함 뒤에 감춰진 민낯을 함께 들여다보자.

행복하지 않은 사람들

월화수목금금금으로 일하면서 놀라운 성과를 거두었다면 당연히 행복해야 하지 않을까? 열심히 노력해서 성공했는데 행복하지 않다면 왜 그동안 그렇게 열심히 살아왔는지 의문이 드는 것이 당연하다. 그런데 그런 이상한 일이 벌어지고 있는 것 같다. 모두가 열심히 노력했는데 대부분의 사람들이 불행하다고 느끼는 사회가 되어 가고 있다. 선진국의 모임인 경제협력개발기구OECD에서 발간한 보고서를 보면 '얼마나 행복한가요?'라는 질문에 한국인은 10점 만점에 3.1점을 받았다. OECD 회원국 중 튀르키예, 콜롬비아, 포르투갈에 이어 최하위다. 이것은 성인만의 문제가 아니다. 2018년 보건복지부가 발표한 〈아동 실태 조사〉에 따르면 우리나라 아동과 청소년의 삶 만족도는 선진국 중 꼴찌였다.

심지어 한국인의 삶 만족도는 전쟁을 겪고 있는 나라의 국민들보다 낮다는 조사가 있을 정도다. 생각해 보라. 전쟁으로 가족과 친구가 죽고 집이 부서지고 모든 일상이 파괴된 나라에 사는 사람들이 한국인보다 삶의 만족도가 더 높다는 역설적인 현상을 어떻게 설명할 수 있을까? 더 심각한 현상은 '도움이 필요할 때 의지할 수 있는 친척이나 친구가 있다.'고 응답한 한국인의 비율도 OECD 38개 회원국 중 꼴찌나 다름없는 37위를 기록했다. 한국 사회는 경제적으

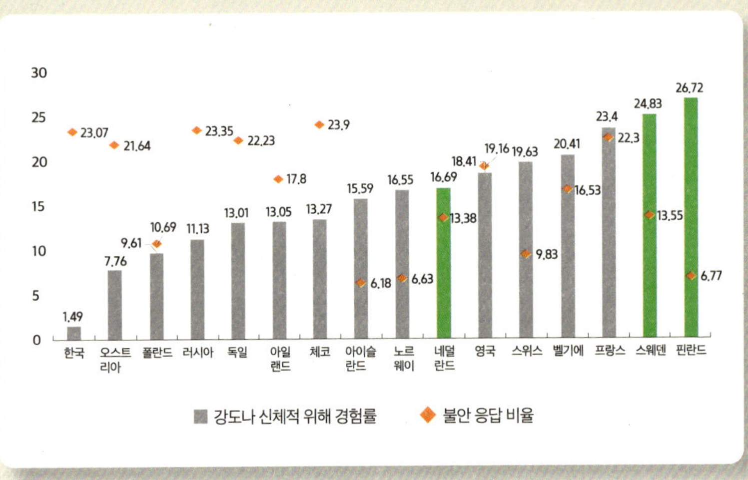

그림 7 범죄 피해에 불안을 느끼는 비율과 직간접적인 위해 경험의 비율.

로 부유해졌지만, 어려울 때 함께할 친척도 친구도 없는 사회가 된 것이다.

이것만이 아니다. 한국인은 세계에서 가장 안전한 나라에 살고 있지만, 매일매일 불안에 떨며 살고 있다. 강도나 신체적 위해를 경험한 국민의 비율을 보면 한국은 비교 대상국 중 압도적으로 그 비율이 낮다. '귀하는 최근 5년 동안^{2011년~현재} 강도나 신체적 위해를 당한 적이 있습니까?'라는 질문에 한국인의 1.49%만 그렇다고 대답했다. 복지 선진국이라고 불리는 노르웨이, 핀란드, 스웨덴에서 그렇다고 응답한 비율인 16.55%, 26.72%, 24.83%와 크게 대비될 정도로 낮은 수준이었다[그림 7 참고]. 그런데도 '어두울 때 집 주변을 혼자 걸을 경우 당신은 얼마나 안전하다고 느낍니까?'라는 질문에 '안전하지 않다.', '매우 안전하지 않다.'라고 응답한 한국인의 비율은 무려 23.1%에 달했다. 반대로 강도나 신체적 위해 경험의 비율이 우리나라보다 훨씬 높은 노르웨이, 핀란드, 스웨덴의 국민들이 불안을 느끼는 비율은 각각 6.6%, 6.8%, 13.6%에 불과했다. 왜 한국인은 가장 안전한 나라에 살면서도 불안에 떨며 지내는 것일까? 놀라운 성공을 이룬 나라에 사는 사람들이라고 믿기가 어려울 정도이다. 무엇이 우리를 이토록 불안하게 만드는 것일까?

이제 우리는 스스로 질문해야 한다. 우리가 정말 성공한 것일까?

부유해질수록 불평등해진다면 

불평등의 심화는 우리가 이룬 놀라운 성공의 대표적 역설이다. 가난한 나라가 경제성장을 본격화하면 처음에는 불평등이 증가하는 것이 일반적이다. 그러다가 경제성장이 일정 수준에 다다르면 불평등이 감소하기 시작한다. 경제성장과 불평등의 이런 관계가 로마자 알파벳 U를 거꾸로 뒤집어 놓은 것 같다고 해서 '역U자형 관계'라고 부르기도 한다. 러시아계 미국 경제학자였던 사이먼 쿠즈네츠가 만든 개념이라 '쿠즈네츠 곡선'이라고도 한다. 그러니 경제가 성장하는 초기에 불평등이 증가하는 현상은 크게 걱정할 필요가 없다고 생각했다. 경제성장이 더 진행되면 앞서 이야기했듯 불평등이 감소할 테니까.

우리나라도 쿠즈네츠가 이야기한 것처럼 경제성장 초기에는 불평등이 증가했다가 경제성장이 일정 수준에 다다른 이후로는 감소하기 시작했다. 〔그림 8〕을 보자. 잘 따라오길 바란다. 먼저, 그래프 상단에 작은 동그라미로 표시된 '지니계수 추정치'에 주목해 보자. 1965년부터 드문드문 있을 것이다. 맨 왼쪽부터 우측 방향으로 동그라미를 따라가 보면, 처음에는 조금 아래로 떨어졌다가 1970년대에 들어서면서 위로 향하는 것을 확인할 수 있다. 그리고 1970년대 말부터 다시 아래로 떨어지기 시작해 1990년대 초까지 떨어진

지니계수, 시장 소득, 가처분소득

불평등 문제를 본격적으로 다루기 전에 소득 불평등을 어떻게 측정하는지부터 간단하게 살펴보자. 다양한 방식이 있지만, 여기서는 지니계수로 소득 불평등을 측정했다. 간단하게 설명하면, 지니계수가 1에 가까울수록 소득이 불평등하게 분배되고 있음을 의미하고, 0에 가까울수록 평등하게 분배되고 있음을 의미한다. 그래서 세상의 모든 부를 한 사람이 소유했을 때 지니계수는 1.0이 된다. 반대로 세상 사람들이 세상의 부를 1/n씩 똑같이 소유하면 지니계수는 0이 된다. 그러니 지니계수가 0.5인 사회보다는 0.3인 사회가 더 평등한 사회라고 할 수 있다.

시장 소득과 가처분소득에 대해서도 알아 둘 필요가 있다. 왜냐하면 어떤 소득으로 지니계수를 측정하는지에 따라 지니계수가 달라질 수 있기 때문이다. 시장 소득은 실제로 시장에서 벌어들인 소득을 말한다. 일반적으로 세금을 내기 전, 국가로부터 복지 급여 등을 받기 전 소득이라고 생각하면 된다. 가처분소득은 세금을 내고 정부로부터 복지 급여를 받아 실제로 내가 쓸 수 있는 소득이라고 생각하면 된다.

다. 다음으로 '1인당 실질국민소득 단위는 만 원'을 보길 바란다. 1962년 138만 원이었던 1인당 실질국민소득은 계속 증가해 2022년 3,628만 원까지 높아진다. 자, 이제 지니계수 추정치와 1인당 실질국민소득을 함께 살펴보자. 경제가 성장함에 따라 1인당 실질국민소득이 높아진다. 그런데 1970년대 말까지는 소득 불평등을 측정하

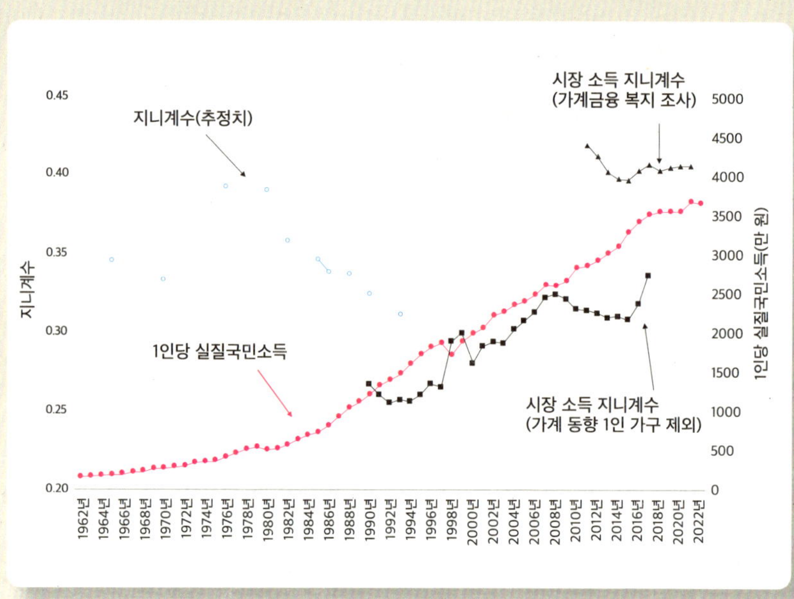

그림 8 1인당 실질국민소득과 소득 지니계수.

는 지니계수도 함께 높아진다. 그러다 1970년대 말부터 1인당 실질 국민소득은 높아지지만 지니계수는 낮아지는 현상이 나타난다. 쿠즈네츠가 이야기한 것처럼, 경제성장과 불평등이 역U자형 모형이다.

문제는 그 이후이다. 우리나라에는 지난 60년 동안의 소득 불평등을 일관되게 측정한 자료가 없다. 그래서 정확히 말할 수는 없지만, 1990년대 이후에 측정한 지니계수를 보면 1990년대 초부터 1인당 실질국민소득이 높아지면서 소득 불평등도 높아지는 경향이 나타났다. 1990년부터 측정한 오른쪽 아래에 있는 '시장 소득 지니계수'를 따라가 보자. 소득 불평등과 경제성장 간 관계가 다시 산업화 초기처럼 같이 높아지는 것을 확인할 수 있다. 우리가 주목해야 할 현상은 바로 이것이다.

우리나라는 경제성장이 진행되면서 절대빈곤 상태에서 벗어났다. 1인당 국민소득도 계속 증가했다. 그런데 이상하게도 1990년대 초부터 경제가 성장할수록 소득 불평등도 커졌다. 쉽게 말해, 성장의 몫이 국민들에게 공정하게 분배되지 않으면서 부자는 더 부유해지고 가난한 사람은 더 가난해진 것이다. 나라가 부유해질수록 점점 더 불평등한 사회가 된 것이다. 모두가 가난해서 라면으로 끼니를 때워야 한다면 사람들은 가난해도 견딜 수 있다. 그러나 누구는 좋은 집에 살면서 좋은 음식을 먹고 좋은 옷을 입는데, 나만 라면을

먹고 살아야 한다면 그 박탈감은 누구도 견디기 어려울 것이다. 더욱이 부자가 누리는 경제적 지위가 그 부모로부터 물려받은 것이라면 더더욱 참기 어렵다.

세상에서 제일 중요한 선택 

불평등한 세상에서도 여러분은 매일 매 순간 선택을 해야 한다. 저녁으로 무엇을 먹을지, 어떤 공부를 할지, 게임을 더 할지 말지, 누구를 만날지 등등. 여러분이 내리는 수많은 선택 중 가장 중요한 선택이 있다면 어떤 선택일까? 조금 과장해서, 그 선택을 평생 딱 한 번만 할 수 있다면? 엄청나게 고민될 것이다. 진보적 경제학자로 세계적 명성이 높은 컬럼비아대학교 조지프 스티클리츠 교수는 학생들에게 이런 질문을 한다. "여러분이 생전에 내릴 수 있는 가장 중요한 선택은 무엇인가?" 그리고 이렇게 답한다고 한다. "여러분이 생전에 내릴 수 있는 가장 중요한 선택은 제대로 된 부모를 고르는 것이다."

뭐라고? 말도 안 되는 이야기이다. 우리는 부모를 선택할 수 없다. 여러분 누구도 부모를 선택한 사람은 없다. 그런데 노벨 경제학상을 받은 세계적인 석학이 학생들에게 왜 이런 엉뚱한 질문과 대

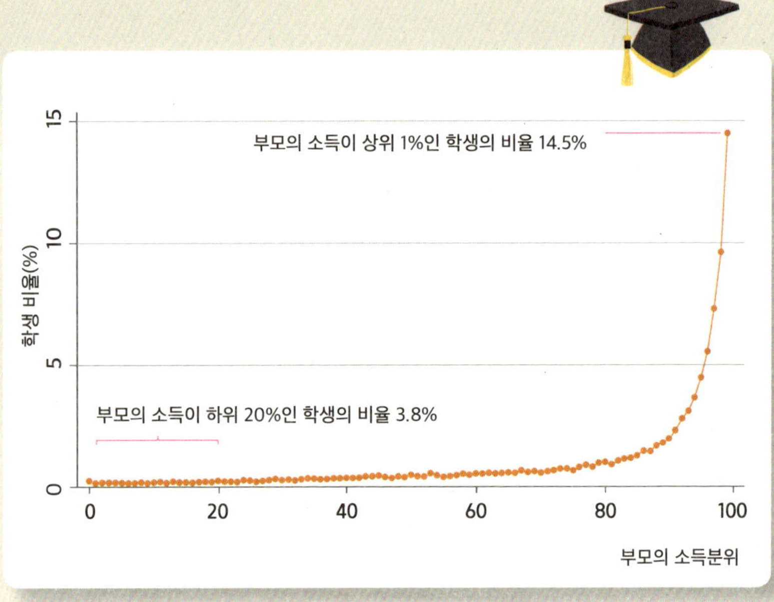

그림 9 미국 아이비리그와 엘리트 대학 재학생 부모들의 소득 분포.

답을 한 것일까? 여러분도 짐작했을 것이다. 미국 사회도 한국 사회
처럼 청년들의 미래가 청년 자신의 노력이 아니라 부모의 사회경제
적 지위에 따라 달라지는 사회가 되어 가고 있기 때문이다. 내가 얼
마나 노력하는가도 중요하지만, 내가 어떤 부모에게서 태어났는지
가 점점 더 중요해지고 있다는 것이다. 김회재 의원이 한국장학재
단으로부터 받은 자료에 따르면, 2021년 기준으로 서울대, 연세대,
고려대 세 대학교의 재학생 중에서 부모의 소득이 상위 20% 소득 기준
9·10분위에 해당하는 학생이 무려 절반에 이른다. 소위 좋은 대학에
다니는 것이 부모의 사회경제적 지위와 관련이 없다면, 이 세 학교
의 재학생들 중 부모의 소득이 상위 20%에 해당하는 학생은 전체
학생의 20%가 되고, 하위 20%에 해당하는 학생의 비율도 20%가
되는 것이 타당할 것이다. 어떤 대학을 졸업했는지가 취직할 수 있
는 직장의 수준을 결정하는 기준이 되는 사회에서, 대학 입학이 부
모의 사회경제적 지위에 따라 결정된다는 것은 심각한 문제가 아닐
수 없다.

미국도 마찬가지이다. 2017년에 발간된 〈사회이동성 보고서〉에
따르면 〔그림 9〕에서 보는 것처럼 아이비리그 대학과 그 밖의 엘리
트 대학에 진학하는 학생들 중 부모의 소득이 상위 1%에 해당하는
비율은 무려 14.5%에 달했다. 그에 반해, 부모의 소득이 하위 20%
에 해당하는 학생은 3.8%에 불과했다. 하버드대학교 입학생의

70%는 부모의 소득이 상위 20%에 해당한다고 한다. 소위 명문대에 재학 중인 많은 학생이 자신이 명문대에 진학한 것이 자신의 '엄청난 노력' 덕분이라고 생각하기 쉽지만, 통계는 부모의 사회경제적 지위가 청년들이 어떤 대학에 진학하는지를 결정하는 중요한 요소 중 하나라는 것을 드러낸다. 한국에서도 좋은 직장과 사회적 지위가 점점 더 부모의 물적 지원과 사회적 지위의 영향을 받는다는 연구 결과들이 계속 나오고 있다. 한국 경제의 구조와 변화를 연구해 온 조귀동 작가는 한국의 이런 현실을 '세습 중산층 사회'라고 표현한다.

안타까운 현실은 부모의 사회경제적 지위가 세습되는 현상이 불변의 법칙은 아니라는 것이다. 복지 선진국이라고 알려진 스칸디나비아 복지국가들인 스웨덴, 덴마크, 노르웨이, 핀란드에서는 부모의 사회경제적 지위가 자녀에게 미치는 영향이 아주 적다고 한다. 어떤 청년이 의사의 자녀이건 일용직 노동자의 자녀이건 자신의 노력 여하에 따라 다른 삶을 살 수 있는 가능성이 우리나라보다 크다는 것이다.

부모의 사회경제적 지위와 자녀의 성공

가끔 청년들을 대상으로 강연을 하는데 그때마다 내가 청년들에게 하는 질문이 있다. "여러분의 성공에 부모의 사회경제적 지위가 중요하다고 생각하세요?" 우리 청년들은 뭐라고 대답할까? 20명이면 20명, 50명이면 50명 모두 자신의 성공 여부와 부모의 사회경제적 지위가 밀접하게 관련이 있다고 대답한다. 놀라운 일은 아니다. 앞서 설명한 것처럼 한국은 그런 사회가 되었다. 돈 많고 사회적 지위가 높은 부모에게서 태어난 것도 능력이라고 주장하는 사람들이 있는 사회이다.

그런데 모든 나라가 우리와 같은 것은 아니다. 〔그림 10〕에서 보는 것처럼 유사한 질문을 OECD 회원국 국민들에게 했을 때 대답은 무척 달랐다. 우선, 한국의 경우 46%의 사람들이 자신의 성공 여부에 부모의 사회경제적 지위가 중요하다고 응답했다. 조사 대상국 중 세 번째로 높은 수치이다. 내 생각에 46%는 우리나라의 현실과 비교해 매우 낮은 수치라고 생각한다. 어쨌든 OECD의 보고서는 그렇다.

그렇다면 다른 나라는 어떨까? 복지 선진국이라고 알려진 핀란드, 스웨덴, 덴마크, 노르웨이의 경우를 보자. 핀란드는 국민의 6%만이 자신의 성공에 부모의 사회경제적 지위가 중요하다고 응답했다. 덴마크는 9%, 노르웨이는 11%, 스웨덴은 13%의 국민들이 그렇다고 대답했다. 핀란드 국민의 94%는 자신의 성공과 부모의 사회경제적 지위가 아무 관련이 없다고 응답한 것이다. 심지어 '인생에서 가장 중요한 선택은 부모'라고 말하는 미국 국민들도 부모의 사회경제적 지위가 자신의 성공에 중요한 영향을 미친다고 응답한 비율이 30%에 그쳤다. 모든 나라가 우리나라처럼 부모의 사회경제적 지위가 청년의 능력을 결정하는 세습 능력주의 사회는 아닌 것이다.

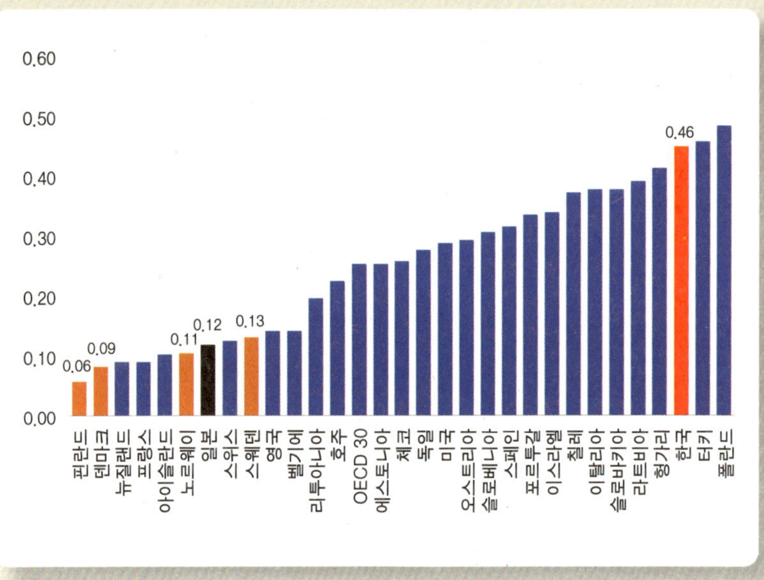

그림 10 '자신의 성공 여부에 부모의 사회경제적 지위가 중요한가?'라는 질문에 '그렇다'라고 응답한 비율.

하나를 낳는 것도 기적이다 

우리나라에 전쟁이라도 난 걸까? 폭탄이 떨어진 것도, 셀 수 없이 많은 사람이 집을 잃은 것도, 하루아침에 국가의 체제가 무너지고 새로운 체제가 들어선 것도 아닌데 사람들은 아이를 낳지 않고 매일매일 불안한 삶을 이어가고 있으니 말이다. 2023년 기준으로 가임기 여성이 평생 낳을 것으로 기대되는 자녀 수, 즉 합계출산율은 0.72명이다. 충격적이다. 우리나라의 합계출산율은 1960년엔 대략 6.00이었는데 2023년엔 0.72로, 불과 60년 만에 1/8로 떨어졌다. 국민소득이 3만 5,000달러에 달하고, 국내총생산 규모가 세계 10위를 오르내리는 국가인 선진국 대한민국에서 벌어지는 일이다. 사실 한 사회의 합계출산율이 1.0 이하로 떨어진 경우는 전쟁 중인 사회이거나 과거 공산주의 체제가 무너지면서 급격한 자본주의 체제로의 이행을 겪었던 폴란드, 헝가리, 구소련 등 동유럽 사회에서 일시적으로 나타났던 현상이었다. 그런데 그런 기이한 현상이 한국에서는 일상이 되고 있다. "인구학자들이 생각해 본 적이 없는 설마 하는 수준으로 떨어졌다."는 평가가 있을 정도다.

OECD 국가 대부분이 2000년대를 지나면서 합계출산율이 회복된 것과 달리 한국의 합계출산율은 계속 낮아지고 있다. 우리나라와 문화적 유사성이 크다고 알려진 일본도 1.3~1.4 대의 합계출산

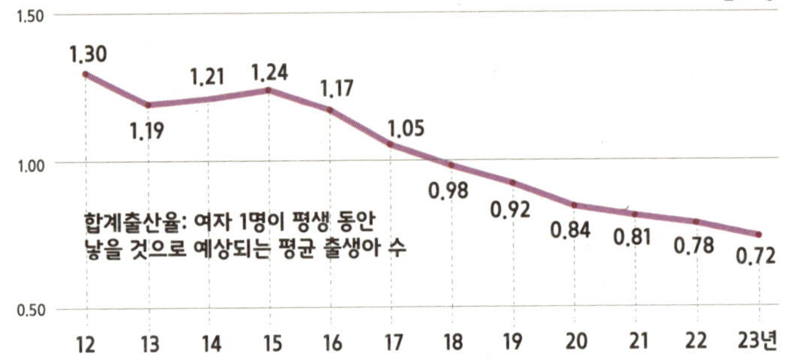

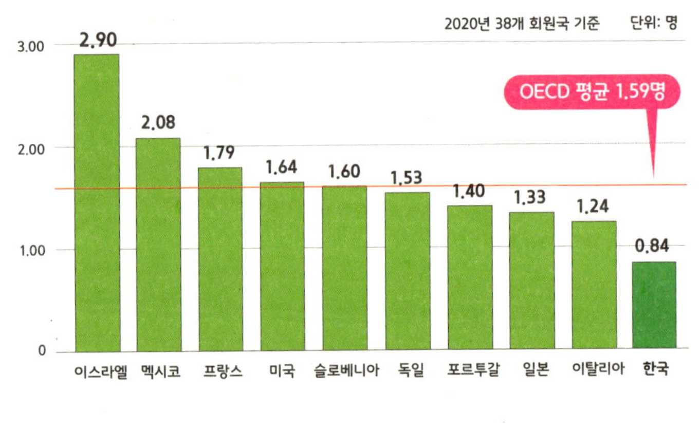

그림 11 한국과 OECD 주요국의 1인당 GDP와 합계출산율의 변화.

율을 유지하고 있어, 한국의 낮은 출산율은 문화적 요인으로도 설명하기 힘들어 보인다. 다른 국가들을 보면 소득수준이 높아지면서 자연스럽게 나타난 현상도 아닌 것 같다. 만약 소득수준이 높아지면서 나타난 현상이라면 우리나라만이 아니라 다른 선진국들도 유사한 경향을 보여야 한다. 하지만 현실은 그렇지 않다.

〔그림 11〕은 한국, 독일, 스웨덴, 미국 등 OECD 주요 국가의 합계출산율을 보여 준다. 1인당 GDP가 높아지면 합계출산율이 감소하는 경향이 있지만 일반적으로 1.6 대에서 수렴하며, 1.0 이하로 내려가는 경우는 거의 없다. 그런데 한국을 보면 1인당 GDP가 1만 달러였던 1994년 합계출산율은 1.63이었는데, 2만 달러로 높아지면서 1.12로 급락한다. 그리고 3만 달러에 도달했을 때는 또다시 1.05로 낮아졌고, 4만 달러도 되기 전인 2023년에는 인구학에서 불가능하다고 이야기했던 0.78을 기록했다. 더 기이한 일은 한국인의 물질적 삶의 조건이 점점 더 나아지는데도 합계출산율은 회복되지 않는다는 것이다. 경제성장과 함께 인간개발지수HDI가 높아지면 합계출산율이 회복되거나 더 이상 낮아지지 않는 것이 일반적인데, 한국의 합계출산율은 계속 낮아지고 있다.

출산율은 단순한 지표가 아니다. 출산율은 그 사회가 살 만한 사회인지를 보여 주는 대표적인 지표 중 하나이다. 한국의 낮은 출산율은 한국이 살 만한 나라가 아니라는 것을 극명하게 보여 준다.

이런 결과가 한편으로는 이해가 된다. 내가 결정한 적이 없는 내 부모의 사회경제적 지위가 내 미래를 결정하는 사회에서, 청년들이 미래에 대한 희망을 품고 살아갈 수 있을까? 여러분의 사회경제적 지위가 아직 태어나지도 않은 여러분 자녀의 미래를 결정한다면 여러분은 어떤 생각이 드는가? 열심히 살아야겠다? 그래, 열심히 사는 것이 중요하다. 하지만 앞서 살펴본 것처럼 열심히 산다고 안정된 미래가 보장되지 않는다면, 그다음은 어떻게 할까? 나 자신의 미래가 불안한데, 어떻게 아이를 낳을 수 있을까? 청년들은 "헬조선 hell朝鮮에서 겪는 고통을 자식에 대물림하기 싫어서", "힘든 세상에 태어나게 하는 것도 부모로서 죄짓는 것 같아서", "세습 기득권층을 위해 일꾼 만들어 줄 일 있나 하는 생각이 들어서" 출산을 거부하고 있다. 상황이 이러하니 지금 한국 사회에서 아이 하나를 낳는 것도 기적이 된 것이다.

합계출산율

저출산 현상을 이해하려면 합계출산율 TFR: Total Fertility Rate 이라는 개념을 알아 둘 필요가 있다. 간단히 설명하면, 가임기 여성 15~49세 1명이 평생 낳을 것으로 예상되는 자녀 수가 합계출산율이다. 일반적으로 합계출산율이 2.1명이면 현재 인구 규모가 유지된다고 본다. 2명이 아니라 2.1명인 이유는 태어난 자녀가 모두 생존하는 것은 아니어서 이를 반영한 것이다.

저출산 국가에서 죽음을 방치하는 역설 

심각한 저출산 현상으로 '국가 소멸'을 걱정하는 나라에서 죽음을 방치하는 것은 정말 역설적인 일이다. 이제는 모두 알고 있는 사실이지만, 인구 10만 명당 자살자 수_{자살률}는 한국이 OECD 회원국 중 압도적 1위이다. 2020년 기준으로 한국은 10만 명당 24.1명이 스스로 목숨을 끊었다. 더 놀라운 사실은 1990년부터 2020년까지 30년간 대부분의 OECD 회원국들의 자살률은 감소했다는 것이다. 덴마크와 스페인은 자살률이 거의 절반으로 줄어들었고, 감소율이 가장 적은 영국과 호주도 각각 11.2%, 8.2% 감소했다. 반면 우리나라는 무려 179.5%나 증가했다. 미국_{10.7%}, 그리스_{34.3%}, 칠레_{40.0%}, 멕시코_{61.8%}, 콜롬비아_{62.9%}도 자살률이 높아졌지만, 우리나라와는 비교가 되지 않을 정도로 낮은 수준이다.

그런데 역설적이게도 지난 30년은 우리나라가 중간소득 함정에서 벗어나 본격적으로 선진국 대열에 진입한 시기이다. 그 '영광의 시기'에 많은 우리의 이웃이 스스로 삶을 포기했던 것이다. 그래서 한국에서 벌어지는 자살을 '사회경제적 위기의 심화와 밀접한 관련이 있는 사회적 타살'이라고 이야기하는 것이다.

자살만이 아니다. 한국은 일하다가 죽는 사람이 지금도 매년 수천 명에 달하는 산업재해 공화국이다. 2022년 기준으로 공식 집계

된 산업재해로 인한 사망 노동자가 무려 2,223명에 달한다. 4시간 마다 1명씩 매일 6명 이상의 노동자가 일을 하다가 죽음을 맞이하고 있는 것이다. 산업재해로 인한 사망율도 자살률과 마찬가지로 수십 년째 OECD 회원국 중 최고를 기록하고 있다. 국가는 선진국이 되었고 기업은 글로벌 기업이 되었는데, 평범한 국민들은 여전히 후진국에 살고 있는 것은 아닌지 착각이 들 정도다.

불안한 일자리 

앞서 이야기했던 핀란드와 한국 청년들의 고민을 떠올려 보자. 대학에 진학하든 아니든 대부분의 한국 청년들에게 가장 큰 고민은 항상 '취업'이다. 왜 우리 청년들은 기후 위기, 인권, 세계 평화와 같은 인류의 공동 번영에 대해 고민할 여유가 없는 것일까? 우리 청년들이 '취업' 고민만 하는 유전자를 가지고 태어난 게 아니라면 사회가 청년들을 그렇게 만든 것이다. 가장 큰 원인은 좋은 일자리가 충분하지 않기 때문이라고 생각한다. 1990년대생을 기준으로 대기업과 공공 부문 정규직에 취업할 수 있는 인원이 연간 7만 2,000명쯤 된다고 한다. 1990년대생의 대략 10%에 해당하는 규모이다.

그런데 청년 구직자의 대부분은 대기업과 공공 부문에 취업하길 원한다. 대한상공회의소가 최근에 발표한 보고서도 이러한 현실을 분명하게 보여 준다. 보고서에 따르면, 청년 구직자들이 가장 선호하는 직장 복수 응답은 예상했던 것과 같이 대기업64.3%과 공공 부문 44.0%으로 나타났다. 중소기업을 선호한다는 비율은 복수로 응답한 것임에도 불구하고 15.7%에 그쳤다. 너무나 당연한 결과다. 대기업이나 공공 부문에 취업해야 적절한 임금과 복지, 일과 생활의 조화가 가능하기 때문이다. 문제는 거의 모든 청년 구직자가 대기업과 공공 부문에서 일하기를 원하는데, 그 일자리는 전체 신규 일자리의 10%에 불과하다는 것이다. 우리 청년들이 취업에 모든 것을 걸 수밖에 없는 이유이다. 그러니 유치원에 입학하기 전부터 취업할 때까지 무지막지하게 경쟁하는 것인지도 모른다.

국제적으로 비교해 봐도 한국의 노동시장은 매우 열악하다. 2021년 기준으로 전체 취업자 중 임시직의 비율이 28.3%로 OECD 회원국 중 콜롬비아에 이어 두 번째로 높다. 기업 규모에 따른 임금과 생산성 격차도 OECD 회원국 중 가장 높다. 그 차이가 예외적일 정도다. 노동시장에서 좋은 일자리를 얻기 어려우니, 임금 노동자가 될 수 없는 사람들은 울며 겨자 먹는 심정으로 영세 자영업에 종사할 수밖에 없다. 2021년 기준으로 전체 취업자 중 자영업자 비율은 23.9%에 달한다. 노르웨이와 미국의 자영업자 비율이 각각 4.7%와 6.6%에 불과한 것과 비교되는 수치이다. 동네 곳곳에 카페와 치킨집이 그렇게 많은 이유이다.

더 심각한 문제는 청년들이 사회에 첫발을 내디딜 때 노동 시장 안에서의 지위가 평생 지속될 가능성이 높다는 것이다. 2015~2016년 기준으로 중소 규모 사업체에 취업한 사람이 대규모 사업체로 이직한 비율은 2.0%에 불과했다. 중소 규모의 사업체에 취업한 100명 중에서 단지 2명만이 대규모 사업체로 옮긴다는 것이다. 비정규직에서 정규직으로 이직하는 비율도 4.9%로 대단히 낮았다. 1년 미만으로 일하는 임시직 노동자가 1년 이상 일하는 상용직으로 이직하는 비율 역시 22.0%에 그쳤다. 네덜란드와 독일은 각각 70.0%와 60.0%에 이르는 것과 큰 차이가 있다. 다시 말해, 처음 잡은 일자리 수준에서 평생 벗어날 수 없다는 것이다. 상황이 이러하니 대부분의 청년들이 처음 취업할 때 죽을힘을 다해 대기업이나 공공 부문의 정규직이 되려는 것이 아닐까. 그러니 한국 청년들의 주된 고민이 첫 번째도 취업, 두 번째도 취업, 세 번째도 취업일 수밖에 없는 것이다.

각자도생의 사회

자, 이런 세상에서 여러분은 어떻게 살아가야 할까? 나만 위하며 온 힘을 다해 살아도 안전하고 행복하게 산다는 보장이 없고, 내 한 몸 돌보는 것조차 버거울 것 같은 이 사회에서 누구를 배려하고 양보하고 이상을 추구하며 산다는 것은 사치스럽다고 느껴질 것이다. 앞서 살펴본 것처럼 그렇게 열심히 살면서 대한민국을 선진국으로 만들었건만, 선진국 대한민국에 사는 사람들 대부분은 행복하지 않다. 치안이 가장 안전한 나라에 살면서 범죄 피해를 볼까 두렵고, 나의 노력보다는 부모의 사회경제적 지위가 미래의 삶을 결정하는 사회, 안정적 직장을 얻으려면 적어도 10 대 1의 경쟁을 뚫어야 하는 사회, 우리가 그런 사회에 살고 있다.

세계가치관조사World Values Survey 라는 것이 있다. 세계 사람들이 어떤 생각을 가지고 살아가는지를 조사한 자료이다. 일반적으로 한 사회가 물질적으로 풍요로워지면 사람들의 가치관이 경제성장, 안보 등 '생존적 가치' 중심에서 성소수자, 여성, 외국인 등 소수자를 포용하고 개인의 권리를 중시하는 '자기표현 가치' 중심으로 변화한다. 서구 선진국들이 경제성장과 함께 그 길을 걸어왔다. 하지만 한국은 여기서도 예외다. 한국은 서구 선진국들과 달리 여전히 생존적 가치를 더 중요하게 여기며, 소수자를 포용하지 않은 사회로 남아 있다. 유교라는 유사한 문화적 배경을 가진 중국, 일본, 대만 등 다른 동아시아 국가들과 비교해도 한국은 세속적이고 생존적인 가치를 더 중시한다.

한 광역시에서 일어난 일이다. 그 지역에 이슬람 사원을 짓기 시작하자 그 일에 반대하는 주민들이 집단행동에 나섰다. 이슬람교에서 금기시하는 돼지머리를 사원 건설 현장에 전시하고, 그 골목에서 돼지고기 파티를 열기도 했다. 우리나라 헌법은 종교의 자유를 보장하고, 사원 건립은 정부의 건축 허가를 받은 일인데 말이다. 법원에서도 '이슬람 사원 건립은 합법'이라는 판결을 내렸다.

나와 다른 사람을 혐오해서 벌어지는 사건도 비일비재하다. 일부 몰지각한 기독교인들은 불교 사찰을 찾아가 찬송가를 부르고 대소변을 보기도 한다. 장애인 자녀를 가진 부모들은 장애인 특수학교 건립을 허용해 달라며 무릎을 꿇고 주민들에게 애원하기도 한다. 장애인들이 이동권을 보장받기 위해 벌이는 시위는 시민들의 일상을 불편하게 만든다고 비난을 받기 일쑤이다. '다름'을 인정하지 않고 오히려 차별의 수단으로 삼는 사회, 과연 그런 사회가 올바르게 나아갈 수 있을까?

우리가 직면한 이런 위기가 우리의 성공과 어떤 관련이 있는지를 4장에서 살펴보자.

4 성공이
위기의 원인이
된 까닭

잘못된 것을 고쳐야 한다는 말에 반대할 사람은 없을 것이다. 지금보다 더 나아지려면 잘못된 것을 고치는 것은 너무나 당연한 일이니까. 그런데 고쳐야 할 그것이 지금까지 여러분이 가장 잘해 왔던 것이라면 어떨 것 같은가? 그것 때문에 여러분이 이제까지 성공할 수 있었다면? 아마 그것을 고치기가 쉽지 않을 것이다. 되레 그것이 잘못되었다는 조언조차 받아들이려 하지 않을지도 모른다. 왜냐면, 그것 덕분에 성공할 수 있었으니까.

우리 사회가 직면한 가장 큰 어려움이 바로 이것이다. 우리가 실패해서 사회경제적으로 심각한 위기에 직면한 것이 아니라, 우리가 믿기 어려울 만큼 놀라운 경제성장을 이루었기 때문에 지금의 위기를 맞은 것이다. 우리의 성공 방식이 우리가 직면한 심각한 사회경제적 위기의 원인인 것이다. 여기서는 그 이야기를 경제, 복지, 정치 측면에서 풀어 보려 한다.

기계가 사람을 잡아먹는다?

사실 경제성장이 불평등으로 대표되는 사회경제적 위기를 낳은 것은 우리만 겪는 문제가 아니다. 서구에서도 근대화^{산업화와 민주화}는 항상 긍정적 결과와 함께 부정적인 결과를 가져왔다. 그래서 놀라운 경제성장과 심각한 사회경제적 위기가 공존하는 역설은 우리나라만의 문제가 아닐 수도 있다. 다만 왜 한국의 경제성장이 다른 사회보다 더 심각한 사회경제적 위기에 직면했는가는 반드시 짚어 봐야 할 문제다.

많은 사람이 알고 있듯이 한국은 대기업에 자원을 집중하는 방식으로 산업화에 성공했다. 정부는 동원할 수 있는 자원이 제한되어 있으니 성공 가능성이 높은 대기업에 자원을 집중하는 것이 효과적이라고 생각했던 것이다. 더불어 한국의 산업화 과정은 독일, 일본에 비해 노동자의 숙련에 덜 의존했다. 왜일까? 우리나라가 본격적으로 경제성장을 시작할 때인 1970년대는 생산 현장에 수치제어공작기계^{Numerical Control Machine Tool}가 도입된 시기였다. 상대적으로 노동자의 숙련이 덜 중요해진 시점에서 산업화를 본격화한 것이다. 1990년대 이후 대기업이 급격한 공정 자동화를 통해 생산성을 높일 수 있었던 것도 우리나라 산업화의 이런 특성과 관련이 있다. 최종 제품을 만드는 데 필요한 소재와 부품, 장비를 수입에

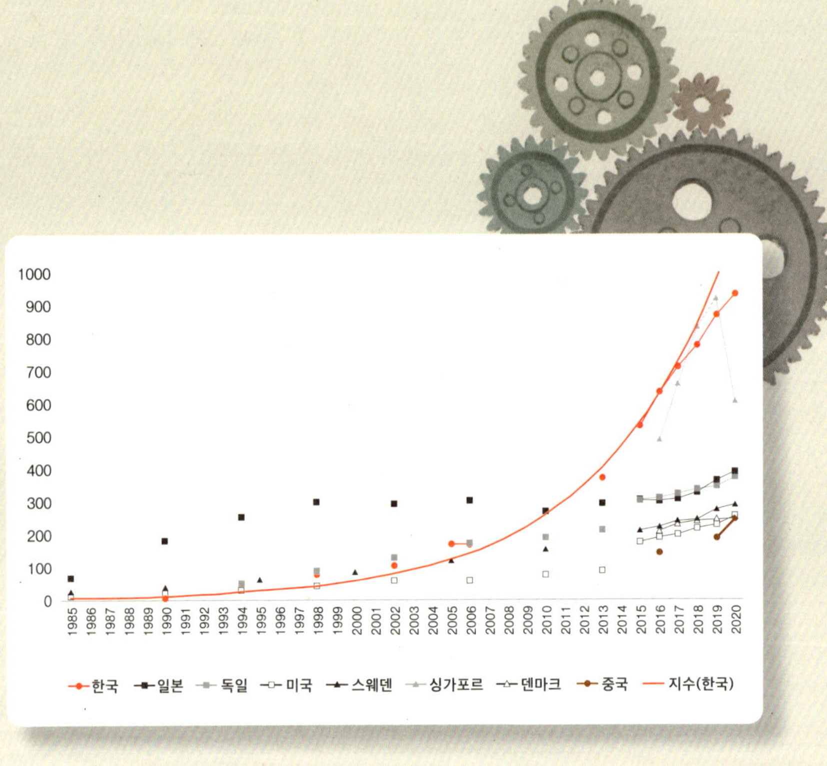

그림 12 1985~2020년, 주요 제조업 강국의 로봇 밀도의 변화.

의존하는 공업화를 추구했던 것이다. 〔그림 12〕는 우리나라 기업이 생산공정 자동화를 얼마나 급격하게 추진했는지를 '로봇 밀도'를 통해 알 수 있다. 로봇 밀도는 간단하게 말하면, 노동자 1만 명당 얼마나 많은 로봇을 사용하는지를 측정한 지표이다. 로봇 밀도가 높을수록 자동화 정도가 높다고 할 수 있다.

1985년을 보라. 당시 한국의 로봇 밀도는 주요 제조업 국가들과 비교하면 가장 낮은 수준이었다. 그런데 1990년대를 거치면서 로봇 밀도가 급격히 높아졌다. 그리고 2000년대 들어서면서 더 빨리 증가해 2013년에는 세계 최고 수준이 되었다. 가장 최근 자료인 2020년을 보면 한국의 로봇 밀도가 다른 국가들에 비해 압도적으로 높다. 반면 제조업 강국이라고 할 수 있는 독일과 일본을 보라. 여전히 한국의 절반에도 미치지 못한다. 이들 나라에서는 노동자의 숙련이 여전히 중요하다는 것을 의미한다. 한국의 대기업은 1990년대 이후 급격한 자동화를 통해 생산성을 높이고 글로벌 기업으로 도약했다.

그렇다고 해서 한국의 대기업이 단순히 돈 주고 첨단 설비를 구매했기 때문에 성장했다는 의미는 아니다. 앞서 이야기한 것처럼 엔지니어들의 끊임없는 공정 혁신이 뒷받침되었기에 가능한 일이었다. 제철, 자동차, 반도체, LCD 등 한국 대기업의 주력 상품은 모두 숙련된 엔지니어의 헌신적인 노력에 빛을 지고 있다.

가마우지 경제

1990년대 이후 본격화된 한국의 이러한 생산 방식은 후진국이 선진국을 추격하는 효과적인 방법이지만, 한편으로는 심각한 사회경제적 위기를 가져왔다. 왜냐하면 첨단 최종재의 생산에 필요한 핵심 소재와 부품·장비를 수입에 의존하는 바람에 국내 중소기업이 최첨단 소재·부품·장비를 생산하는 기술을 축적하고 성장할 수 있는 기회가 줄어들고 국내 산업 간의 연관 관계가 낮아졌기 때문이다. 쉽게 말해, 이러한 방식은 수출이 잘되고 대기업은 잘나가지만 중소기업은 그 혜택을 보지 못한다.

또한 이러한 생산 방식은 두 가지 문제에 직면하게 만든다. 하나는, 대기업이 첨단 제품을 외국에 수출해도 수입한 소재·부품·장비 값을 지불하면 남는 것이 별로 없다는 것이다. 국내 중소기업에 다니는 숙련된 노동자가 소재·부품·장비를 만들어 대기업에 납품해야 첨단 상품을 수출해 버는 돈이 국내에 머무를 텐데 이를 해외에 의존하니 수출해도 남는 것이 별로 없는 것이다.

가마우지라는 새가 있다. 중국 계림에서는 이 새를 이용해 물고기를 잡는다고 한다. 가마우지는 대단한 낚시꾼이어서, 가마우지의 목에 실을 묶고 호수에 풀어 놓으면 가마우지가 돌아다니면서 물고기를 잡는다. 하지만 목에 실이 묶여 있으니 자기가 잡은 물고기를 삼키지는 못한다. 그때 어부가 다가와 가마우지가 잡은 물고기를 가로챈다. 가마우지는 배가 고프니 계속 물고기를 잡을 것이고 어부가 물고기를 가로채는 과정이 반복된다. 앞에서 이야기한 것과 어딘가 비슷하지 않은가? 해외에서 핵심 소재·부품·장비를 수입해 자동화 설비로 열심히 만들어 수출해서 번 돈이 다시 소재·부품·장비를 수입한 해외로 빠져나가는 것이 가마우지의 낚시를 떠올리게 한다.

나쁜 일자리를 만드는 성장 방식 

문제는 이러한 방식이 노동시장을 괜찮은 일자리와 나쁜 일자리로 나눈다는 것이다. 당연하다. 첨단 소재·부품·장비를 대기업에 납품해야 대기업과 중소기업이 함께 성장하는데, 국내 중소기업은 중간 품질이나 낮은 품질의 소재·부품·장비만 팔고 있으니 대기업의 성장과 중소기업의 성장이 함께 이루어지지 않는다. 이러한 상황으로 인해 대기업으로 대표되는 괜찮은 일자리와 임금과 노동조건이 열악한 중소기업 일자리로 나뉘는 것이다. 실제로 기업 규모대기업 대 중소기업에 따른 생산성과 임금격차를 보면 한국은 OECD 회원국 중 대기업과 중소기업의 격차가 가장 큰 나라다. 문제는 전체 일자리의 80% 가까이가 중소기업이 만드는 일자리인데, 중소기업 일자리가 나쁜 일자리로 분류되고 있으니 여러분이 학교를 졸업하고 좋은 일자리를 얻는 것이 하늘의 별 따기만큼 어려운 것이다.

이것만이 아니다. 대기업이 최첨단 자동화 설비를 구비하기 위해 막대한 투자를 해야 하는 상황도 나쁜 일자리를 만드는 데 한몫 했다. 생각해 보라. 만약 여러분이 기업 대표이고 엄청난 비용을 들여 자동화 설비를 갖추었다면 어떻게 하겠는가? 본전을 뽑아야 한다는 생각에 비싼 기계가 쉬는 시간을 최소화하려 할 것이다. 또 비용을 줄이기 위해 제품 생산에 꼭 필요한 핵심 노동력은 직접 고용하지만 나머지 영역의 업무는 가능하다면 회사 밖에 위탁할 것이다. 그래야 싼값에 노동력을 이용할 수 있으니까. 또 회사가 직접 고용하더라도 정규직보다는 비정규직을 선호할 것이다. 필요할 때 쉽게 해고할 수 있고, 정규직보다 임금이 낮으며, 노조를 만들어 이것저것 귀찮게 요구하는 일도 없을 테니까. 실제로 1990년대 이후 비정규직으로 대표되는 불안정한 일자리가 증가했다. 이제 한국의 임시직 비율은 OECD 회원국 중 가장 높은 수준이다.

중소기업에 들어가서 열심히 일하면 대기업으로 이직할 수 있다면 그나마 중소기업에 다니는 어려움을 견딜 수 있을 것이다. 열심히 노력하면 언젠가는 나도 대기업에 들어갈 수 있으니까. 그런데 그것은 꿈에 그칠 가능성이 크다. 현실적으로 한국에서는 거의 불가능한 일이다. 중소 규모 사업체에서 대규모 사업체로 이직한 비율은 2%에 불과하다. 왜일까? 최첨단 설비를 운영하는 대기업에서 요구하는 숙련도와 중소기업에서 쌓을 수 있는 숙련도가 다르기 때문이다.

정리하면, 우리나라는 외국에서 핵심 소재·부품·장비를 수입하고 최첨단 자동화 설비를 이용해 첨단 제품을 만들면서 중진국 함정에 빠지지 않고 선진국으로 진입했다. 하지만 그 성장 방식이 노동시장에서는 나쁜 일자리를 늘리고 괜찮은 일자리를 줄이는 효과를 가져왔다. 그 영향으로 사회적으로는 소득격차가 커지고 그로 인해 자산 격차도 커지기 시작했다. 노동자들은 좋은 일자리를 잡아야 안정적인 생활을 하는데, 시장에서 만들어지는 괜찮은 일자리는 점점 줄어드니 울며 겨자 먹는 심정으로 중소기업으로 갈 수밖에 없다. 더구나 자녀의 미래가 부모의 사회경제적 지위의 영향을 받으니 자녀를 낳는 것도 두렵고, 세상살이 자체가 불안하다. 오죽하면 국내 최고의 대학이라 불리는 서울대학교의 재학생들 중 절반 가까이가 우울 증상을 경험할까. 우리나라의 성공 방식이 우리 사회를 덫에 빠뜨리고 있는 것이다.

더 심각한 건 우리나라가 놀라운 성장을 이루었던 조건, 즉 세계화가 2008년 금융위기와 2019년 시작된 코로나19, 미·중 패권 경쟁, 러시아·우크라이나 전쟁의 영향을 크게 받으면서 새로운 방식으로 재편되는 현실이다. 2023년 5월 기준으로, 우리는 14개월 연속 무역 적자라는 전례 없는 경험을 하고 있다. 불평등을 심화하고 수많은 문제를 만든 원인이었지만 그래도 성장을 이끌었던 우리나라의 성공 방식이 어쩌면 구조적 위기에 봉착했다는 인상을 지울 수 없다.

나와 내 가족만 책임지는 사회

우리나라 경제성장 방식은 노동시장에 국한되지 않고 실업, 질병, 고령화 등 사회적 위험에 직면한 국민을 보호해야 하는 복지에도 영향을 주었다. 우리나라의 복지는 서구 국가들과 달리 산업화가 복지국가의 확대로 이어지지 않았으며, 중요한 복지 제도가 상대적으로 안정적인 직장과 소득을 보장받는 계층에 집중되어 있다. 그런 현상이 나타난 원인은 무엇일까?

먼저, 성장이 복지 확대와 연결되지 않았던 이유를 살펴보자.

우리나라는 1945년 8월 일제강점기에서 벗어났지만, 남북 분단과 한국전쟁은 우리나라를 폐허로 만들었다. 전쟁 직후 우리나라는 세계에서 가장 가난한 나라가 되어 대부분의 국민이 생존조차 어려운 절대빈곤을 겪으며 고통을 받았다. 전쟁 직후인 1953년에 요구호대상자생존이 위협받는 인구 비율이 전체 인구의 절반에 가까운 49.3%에 이르렀을 정도였다. 1960년대에 들어서도 상황은 별로 나아지지 않았다. 1965년 절대빈곤율은 도시를 기준으로 54.9%에 달했다. 농촌은 도시보다 괜찮았지만, 농촌의 절대빈곤율도 35.8%에 이르렀다. 이런 참담한 상황은 1970년대에 들어서면서 나아지기 시작했다. 절대빈곤율이 감소하더니 1980년에는 9.8%로 낮아졌다. 기적과 같은 일이 벌어진 것이다.

1980년대 들어서도 절대빈곤율은 계속 감소했다. 최저생계비인간적이고 문화적인 생활을 유지하는 데 드는 최소 비용를 기준으로 측정한 절대빈곤율의 변화는 더 놀라웠다. 1982년 최저생계비로 측정한 도시근로자 가구의 절대빈곤율은 78.7%에 달했지만, 1997년 IMF 외환위기 직전에는 대략 3%로 낮아진다. 극적인 변화였다. 최저생계비로 측정한 절대빈곤율이 1982년부터 1997년까지 무려 96.3%나 감소한 것이다.

주목할 특성은 이러한 극적인 변화가 공적 복지의 확대 없이 이루어졌다는 것이다. 1997년 IMF 외환위기가 발생하기 전까지, 국내총생산에서 복지 지출의 비중이 가장 높을 때인 1996년에도 공적 복지 비율은 3.1%에 불과했다. 우리나라에서 빈곤과 불평등을 완화했던 힘은 서로 돕는 사회적 연대에 기반한 복지가 아니라, 개인이 시장에서 자신과 가족을 위해 열심히 일하는 각자도생이었다.

고도성장이 시장에서 일자리를 만들고, 그런 일자리에서 사람들이 저임금으로 장시간 일을 하면서 빈곤에서 벗어난 것이다.

모두가 열심히 일해 빈곤에서 벗어나게 되면서 실업, 질병, 고령화 등 사회적 위험에 대해서도 각자 열심히 일해서 대응하는 것이 자연스러운 일이 되었다. 1990년대까지 놀라운 성공을 거듭하자 서로 어려울 때 도와주는 복지라는 사회적 연대의 필요성을 크게 느끼지 못했던 것 같다. 그렇다 보니 낮은 세금이 필수였다. 개인과 가족이 직면한 사회적 위험에 개인과 가족이 사적으로 대응하는 등 복지를 개인이 책임지는데, 국가에 세금을 많이 낼 이유가 없었던 것이다.

문제는, 2000년대 이후 한국이 더 이상 고도성장을 하지 못하는 상황에서도 개인이 처한 사회적 위험을 각자 책임지는 관성이 지속된 것이다. 그 결과 서구 선진국들과 달리 우리나라에서는 국가가 주도하는 공적 복지가 필요한 만큼 충분히 늘어나지 않게 되었다. 더 심각한 문제는 개인의 소득과 개인이 축적한 재산에 의존하면서, 소득계층에 따라 사회적 위험에 대응하는 역량의 불평등이 심화한 것이다.

변화를 반영하지 못한 복지 

1997년에 발생한 IMF 국제통화기금 외환위기는 한국 사회에서 빈곤이 단순히 개인의 문제가 아니라 구조적 문제라는 사실을 확인시켜 주는 계기가 되었다. 회사가 문을 닫으면서 열심히 일하던 노동자들이 직장을 잃었으니까. 그때부터 우리나라 사람들은 열심히 일하는 중산층에게도 복지라는 것이 필요하다는 것을 깨닫게 되었다.

그리고 1997년 12월, 우리나라에서 처음으로 여당에서 야당으로 민주적 선거를 통한 평화적 정권 교체가 이루어졌다. 김대중 정부 국민의 정부가 출범한 것이다. IMF 외환위기를 경험하기도 했고 당선 전부터 복지 확대에 관심이 많았던 김대중 정부의 출범은 한국 복지국가 역사에서 중요한 전환점이었다. 국민연금, 고용보험 등 사회보험이 전 국민으로 확대되었고, 취약 계층의 최저생활을 보장해 주는 국민기초생활보장제도도 도입되었다. 한국 복지국가의 원년이라고 불러도 손색이 없다.

하지만 그때는 몰랐다. 우리나라가 서구 선진국처럼 국민연금, 고용보험 등 사회보험을 중심으로 복지를 확대하면 언젠가 서구 선진국처럼 복지국가가 될 수 있다고만 생각했다. 문제는 사회보험이라는 것이 매월 정기적으로 보험료를 납부해야 노령, 질병, 실업 등 사회적 위험에 직면했을 때 복지급여를 받을 수 있는 제도라는 것이다. 예를 들어, 국민연금은 40년480개월 동안 한 달도 빠지지 않고 매월 보험료를 납부해야 은퇴 이후에 은퇴 전 평균소득의 40%를 보장받을 수 있다.

그런데 1980년대 후반에 우리나라에는 이미 괜찮은 정규직 제조업 일자리가 줄어들고 불안정한 비정규직 일자리가 늘고 있었다. 1997년 IMF 외환위기의 영향이 컸다. 노동시장이 이렇게 변해 가는데, 공적 복지는 상대적으로 안정적인 직장과 소득을 보장받는 계층을 위해 설계된 사회보험을 중심으로 확대된 것이다. 취약 계층을 위해 국민기초생활보장제도가 도입되었지만 사회 지출에서 차지하는 비중은 크지 않았다.

결과는 어떻게 되었을까? 여러분이 예상한 대로다. 불안정한 고용 상태에 있는, 상대적으로 열악한 조건에서 일하는 사람들이 사회보험으로부터 배제되는 현상이 나타났다. 2020년에 발생한 코로나19 위기를 떠올려 보라. 코로나19 확산으로 정규직 노동자가 일자리를 잃었다는 이야기를 들어 보았는가? 공무원과 대기업 노동자는? 거의 들어 보지 못했을 것이다. 그러면 일자리를 잃은 사람들은 누구였을까? 대부분 비정규직이거나 영세 자영업자였다. 그러면 그들은 실직 전 소득을 일정 수준에서 보존해 주는 고용보험의 실업급여를 받았을까? 받지 못했다. 왜냐고? 그들 대부분이 고용보험에서 배제되어 있었으니까.

그럼 우리나라는 왜 그렇게 비정규직과 자영업자가 많은 것일까? 이미 앞서 이야기했다. 우리나라의 성장 방식이 노동시장에서 괜찮은 일자리를 줄이는 방식이었기 때문이다. 그런데 복지 확대는 주로 정규직 노동자를 기준으로 설계된 사회보험을 중심으로 이루어졌으니 복지가 확대되었음에도 불구하고 가장 보호가 필요한 사람들이 공적 사회보장제도에서 배제되는 역설적인 현상이 나타난 것이다.

일부 청년들은 국민연금을 폐지해야 한다고 주장한다. 그들이 폐지를 주장하는 이유는 간단하다. 2024년 기준, 지금과 같은 국민연금 제도가 유지된다면 보험료는 기준소득월액의 9%이고, 소득대체율이 2028년부터 40년 가입에 40%를 보장할 경우 2041년부터 국민연금 기금이 줄어들기 시작해 2055년이 되면 기금이 소진된다는 예상이 나오기 때문이다. 예를 들어, 2024년을 기준으로 25세인 청년이 56세가 되는 2055년에 기금이 사라지니, 이 청년들은 65세가 되어도 국민연금을 받지 못할 것으로 예상된다는 것이다. 합리적인 추론으로 보인다.

그러나 청년들이 놓치고 있는 것이 하나 있다. 국민연금은 민간 보험이 아니라 국가가 운영하는 사회보험이다. 민간 보험은 기금이 없으면 더 이상 연금을 줄 수 없다. 하지만 국민연금은 그렇지 않다. 사회보험인 국민연금은 내가 된 보험료를 내 계좌에 쌓아 두었다가 나중에 은퇴하면 돌려받는 민간 연금과는 다르다. 국민연금은 기본적으로 사회적 연대를 통해 소득이 있는 사람들이 보험료를 내어 노령이라는 사회적 위험에 직면한 다른 사람들에게 노령연금이라는 급여를 제공하는 것이다. 또한 국민연금은 현재 일하는 세대가 은퇴한 세대를 부양하는 세대 간 연대를 제도화한 것이다. 그리고 그 지

급은 국가가 보증한다.

더불어 국민연금이 소진되는 현상은, 국민연금이 기금 관리를 잘 못해서가 아니다. 기금 소진은 1988년 우리나라에 국민연금이 도입될 당시부터 예상된 일이었다. 왜냐하면, 보험료를 연금 지급에 필요한 만큼 걷지 않았기 때문이다. 가입자가 은퇴할 때를 고려해 보험료를 책정했다면 시작부터 보험료는 상당히 높았을 것이고, 사회보험을 아직 체감하지 못한 국민 상당수가 국민연금 도입에 반대했을 것이다. 그래서 처음에는 제도 안착을 위해 보험료를 낮게 책정했다가 2024년 기준으로 9%까지 높인 것이다. 다시 말해, 필요한 만큼 기금을 걷어 놓는 방식으로 국민연금을 시작하지 않았기 때문에 기금이 소진되는 것은 당연한 이치다.

질문에 대한 답으로 돌아가면, 국민연금 기금이 소진되는 것은 맞다. 그러나 기금이 소진되는 것과 국민연금을 지급하는 것은 별개의 문제이다. 국민의 안전한 노후를 보장하는 것은 국가의 기본적인 책무이기 때문이다. 사회보험 전통이 가장 오래된 독일의 경우 쌓아 놓은 기금의 규모는 급여액으로 환산하면 1개월치가 되지 않는다. 그런데도 독일에서 기금이 소진되니 연금을 받을 수 없다고 주장하는 사람들은 없다.

물론 국가가 보증하니 아무런 걱정없이 국민연금이 이대로 가면 된다는 것도 아니다. 성장률이 낮아지고, 저출산 현상으로 인구는 줄고 노인 인구는 늘어나는 상황이다. 국민연금에 보험료를 낼 사람은 줄어들고 국민연금을 받아야 할 사람들은 느는 것이다. 이런 상태로는 국민연금이라는 제도를 지속하는 데 많은 어려움이 있는 것이 사실이다. 그래서 적절한 수준에서 보험료를 올리는 방안에 대한 논의가 필요하다. 중요한 것은 국민연금 급여액으로 노인들이 기본적인 생활을 할 수 있느냐이다. 2021년 기준으로 국민연금의 월평균 수령액은 55만 원인데, 이는 중위소득 50%를 기준으로 하는 빈곤선보다 낮다. 참고로 2021년 기준 1인 가구 중위소득은 182만 7,831원이다.

정리하면, 미래의 어느 시점에 국민연금 기금이 소진되는 것은 맞다. 그렇지만, 기금이 소진된다고 국민연금의 지급이 중단되는 것은 아니다. 국민연금 지급이 중단되는 사태는 우리나라가 망하지 않는 한 일어나지 않을 것이다.

다만 분명히 할 것은 있다. 국민연금이 국민의 노후를 적절하게 보장하느냐의 문제다. 여러분 중 다수가 노인이 되어 국민연금을 수급해도 빈곤한 환경에서 벗어날 수 없다면 뭔가 문제가 있는 것이 아닐까?

5 더 나은
세상을 위해

다양한 생각이 있겠지만, 좋은 사회는 부모의 사회경제적 지위와 관계없이 누구나 원하는 방식대로 자신의 삶을 살아갈 수 있는 사회라고 생각한다. 부모가 일용직 노동자이건 배달 노동자이건 의사이건 변호사이건, 아이들의 인생은 아이들의 의지에 따라 만들어 갈 수 있는 사회 말이다. 그래서 걱정이다. 우리 사회가 점점 더 부모의 사회경제적 지위에 따라 아이들의 미래가 결정되는 사회가 되어 가기 때문이다. 어떻게 하면 이런 불공정하고 불평등한 사회를 조금 더 공정하고 평등한 사회로 바꿔 나갈 수 있을까?

세상에서 제일 중요한 일

　앞에서 이야기했다. 세상에서 제일 중요한 결정은 부모를 선택하는 것이라고. 지금처럼 부와 사회적 지위가 대물림되는 사회라면, 인생에서 제일 중요한 일은 어떤 부모를 만나느냐일지도 모른다. 그런데 여러분이나 나나 부모를 선택하지 못한다. 우리가 결정할 수 없고 선택할 수 없다면 결국 우리가 할 수 있는 일은 이런 세상을 받아들이는 것뿐일까? 세상 모든 나라가 우리와 같다면, 어쩔 수 없다고 체념할 수도 있을 것 같다. 그런데 만약 부모의 사회경제적 지위가 아이들의 미래를 결정하지 않는 나라가 있다면 우리도 희망이 있지 않을까? 물론 우리나라와 그 나라가 처한 조건이 다르기 때문에 그 나라와 똑같이 할 수는 없다. 다만 적어도 어떻게 하느냐에 따라 다른 사회를 만들어 갈 수 있다는 희망은 품을 수 있다.

　불행 중 다행일까? 완벽하지는 않지만, 참고할 나라가 있다. 세계경제포럼 WEF : World Economic Forum 에서 발표하는 '사회이동성 지수'가 있다. 개인의 상황이 일생 동안 또는 부모 자녀 세대와 비교해 좋아졌는지 나빠졌는지를 측정한 지수로, 상대적 개념이다. 어떤 사회에서 사회이동성 지수가 높다는 것은 자녀가 부모와 비교해서 또는 자신의 일생 동안 상위 계층으로 이동할 가능성이 높다는 것을 의미한다. 그런데 이 지표를 보면 덴마크, 노르웨이, 핀란드,

순위	국가	점수
1	덴마크	85.2
2	노르웨이	83.6
3	핀란드	83.6
4	스웨덴	83.5
5	아이슬란드	82.7
6	네덜란드	82.4
7	스위스	82.1
8	벨기에	80.1
9	오스트리아	80.1
10	룩셈부르크	79.8
11	독일	78.8
12	프랑스	76.7
13	슬로베니아	76.4
14	캐나다	76.1
15	일본	76.1
16	호주	75.1
17	몰타	75.0
18	아일랜드	75.0
19	체코	74.7
20	싱가포르	74.6
21	영국	74.4
22	뉴질랜드	74.3
23	에스토니아	73.5
24	포르투갈	72.0
25	대한민국	71.4

그림 13 2020년 사회이동성지수 Global Social Mobility Index

스웨덴이 1~4위를 차지하고 있다. 가장 좋은 복지국가로 알려진 이들 나라에서는 다른 나라들과 비교해 소위 '개천에서 용이 태어날 가능성'이 높다는 것이다.

예를 들어, 저소득 가정이 중간소득 가정으로 상향 이동하는 데 몇 세대가 걸리는지를 측정하니 덴마크는 두 세대 만에 상향 이동이 가능했고, 스웨덴과 핀란드, 노르웨이는 세 세대가 걸린다고 한다. 한국, 이탈리아, 미국은 무려 다섯 세대가 걸린다. 어떤 사람이 아주 가난한 가정에 태어난 경우 덴마크에서 태어났다면 두 세대를 거치면 중간소득 가정으로 올라설 수 있는 것이다. 한국에서는 다섯 세대가 걸리니, 세대당 30년이라고 가정하면 무려 120년이 걸린다. 그렇다면, 스티글리츠 교수의 답변과 달리, '세상에서 제일 중요한 결정'은 우리가 절대 할 수 없는 부모 선택이 아니라 우리가 어떤 국가를 만들지를 결정하는 것이 될 수도 있다. 부모는 선택할 수 없지만, 우리가 살고 있는 이 나라를 우리가 살고 싶은 나라로 만들 수는 있으니까 말이다.

평등해야 성장을 지속할 수 있다

우리나라를 사회이동성이 높은 나라로 만들려면 우리는 어떤 일을 해야 할까? 〈글로벌 사회적 이동성 보고서〉에 따르면, 한 사회의 사회이동성은 그 사회의 불평등 수준과 밀접한 관련이 있다. 소득 수준이 평등한 사회일수록 자녀가 부모의 사회경제적 지위를 넘어 더 높은 계층으로 이동할 가능성이 높다는 것이다. 반면 소득수준 이 불평등하면, 우리가 이야기한 것처럼 부모의 사회경제적 지위가 자녀의 사회경제적 지위로 세습된다. 그렇다면 답은 분명하다. 우 리나라를 지금보다 더 평등한 사회로 만드는 것이다. 물론 완전히 평등한 사회는 존재하지 않고 존재할 수도 없다. 공산주의 사회가 현실 세계에서 실현될 수 없었던 이유다. 하지만 지금보다 더 평등 한 사회를 만들 수는 있다. 스웨덴과 덴마크처럼 말이다.

염려하는 목소리가 들린다. 평등한 사회를 만드는 것이 자칫 경 제성장을 방해하는 것은 아닌지 걱정하는 사람들이 많다. 그렇다. 지금보다 더 평등한 사회를 만들려면 국가의 역할이 강화되어야 하 고, 그러자면 국민들이 지금보다 세금을 더 내야 한다. 그래야 국가 가 불평등을 완화하기 위해 지금보다 더 적극적인 역할을 할 수 있 을 테니까. 세금을 더 걷고 국가가 시장에 개입하면 성장에 방해가 된다고 생각할 수도 있다. 사실 많은 사람이 이런 걱정을 한다. 세계 은행과 IMF 같은 국제기구도 유사한 이야기를 한 적이 있다.

그런데 2008년 세계금융위기를 겪으면서 사람들의 생각이 달라 지기 시작했다. IMF의 경제학자들이 지금까지의 자료를 바탕으로 정부의 적극적 재정 정책, 소득 불평등, 경제성장 간의 관계를 분석했다. 여기서 경제성장은 단기 성장이 아니라 최소 10년 이상 경제가 계속 성장하는 '지속 성장'을 이야기한다. 일단 정부의 적극적인 재정 정책은 경제성장과 무관하다는 것이 확인되었다. 재정을 푼다고 경제가 무조건 성장하는 것은 아니라는 것이다. 지금까지 시장 자유주의자들이 이야기해 온 주장을 확인해 준 결과였다. 그런데 놀라운 결과가 나왔다. 재정 지출은 직접적인 지속 성장과 관련이 없지만 소득 불평등을 낮추는 데는 중요한 역할을 한다는 것이다. 여기까지도 예상할 수 있는 결과였다. 그다음이 중요하다. 소득 불평등은 지속 성장과 부적 관계에 있다는 것이다. 소득 불평등이 증가하면 지속 성장의 가능성이 낮아지고, 소득 불평등이 감소하면 지속 성장의 가능성이 높아진다.

지금까지의 이야기를 종합하면 '정부의 적극적 재정 정책은 소득 불평등을 낮추고, 낮아진 소득 불평등은 경제성장에 긍정적 역할을 할 수 있다.'는 결론에 다다른다. 이는 IMF 경제학자들이 단순히 이론적 모형을 만든 것이 아니라 실증적으로 증명해 낸 것이다. 정부의 적극적 역할에 우호적이지 않았던 IMF가 이런 결과를 발표한 것은 놀라운 방향 전환이라고 할 수 있다. 그럼 경제성장을 지속시키기 위해서는 무엇을 해야 할까? 그렇다. 불평등을 낮추어야 한다.

지금 당장 할 수 있는 것부터

무엇부터 해야 할까? 우리는 지금까지 한국 사회가 직면한 심각한 사회경제적 위기가 우리가 이뤄 온 놀라운 성공의 이면에서 비롯했다는 사실을 확인했다. 그리고 성공의 방식을 바꾸는 것이 쉽지 않으리라는 사실도 잘 알고 있다. 그럼 어떻게 해야 할까? 너무 힘들고 오래 걸리는 일은 제쳐 두고 지금 할 수 있는 일을 중심으로 대안을 생각해 보는 것이 좋을까? 그런데 근본적 문제에 손대지 않고 수십 년을 지내 온 지금, 우리나라의 지속 가능성은 심각하게 위협받고 있다. 더 지체할 수 없다. 근본적 개혁에 손을 대야 한다. 하지만 근본적 개혁은 시간이 오래 걸리는 어려운 과제이다. 개혁이 성과를 내려면 긴 시간이 필요하다.

더 큰 어려움은, 국민에게 개혁이 완료되고 성과가 날 때까지 기다려 달라고 이야기할 수도 없다는 것이다. 지금 당장의 삶이 어려운데 10년이 걸릴지 20년이 걸릴지 모르는 개혁의 성과를 마냥 기다리게 할 수는 없다. 그래서 근본적인 개혁과 지금 당장 할 수 있는 일을 병행해야 한다. 국민 앞에 놓인 삶의 어려움은 단 하루도 기다릴 수 없는 당장의 문제이고, 근본적 개혁의 성공은 국민들의 굳건한 지지가 있을 때 가능하니까 말이다.

먼저, 민생의 어려움을 풀어야 한다. 쉬운 문제는 아니지만, 과감하게 복지 정책을 늘리는 것이 하나의 방법이 될 수 있다. 국민 누구나 좋은 돌봄과 교육을 받고, 괜찮은 집에서 살며, 적절한 의료 서비스를 이용할 수 있도록 양질의 사회 서비스를 보편적으로 제공하는 것이 중요하다. 사교육을 이용하지 않고 공교육만으로도 모든 아이가 좋은 교육을 받을 수 있고, 대한민국 국민이라면 누구나 기본적인 생활을 유지할 수 있도록 일정 소득을 보장해야 한다. 풍족한 수준까지는 아니겠지만, 적어도 경제적 문제 때문에 학업을 포기하거나 기회가 제한돼서는 안 된다. 노인의 절반 가까이가 빈곤에 빠져 있는 현실을 개선하기 위해 국민연금 급여 소득대체율도 높여야 한다. 어려운 일이지만, 이런 일들은 국가가 공적 복지를 확대하면 가능한 일이다. 이렇게 국민의 기본적인 생활을 보장해 주면서 동시에 근본적인 개혁을 위한 발걸음을 내디뎌야 한다.

성장 방식을 바꾸는 근본적 개혁 

근본적 개혁을 하려면 지금 우리가 직면한 사회경제적 위기의 원인인 성장 방식을 바꿔야 한다. 지금처럼 대기업이 핵심 소재와 부품, 장비를 외국에서 수입해 최첨단 자동화 설비로 첨단 상품을 만들어 외국에 수출하는 방식은 대기업의 성장에는 유용할 수 있지만 국민 대다수가 일하는 중소기업이나 자영업에는 득이 되지 않는다. 물론 지금처럼 모든 것이 연결된 시대에 우리가 만드는 상품을 국내에서 100% 조달하는 것은 실현 불가능하고 경제적으로 바람직하지도 않다. 모든 것을 국내에서 생산할 수는 없지만, 적어도 핵심이 되는 소재·부품·장비의 일정 부분은 국내 기업이 생산할 수 있도록 정부가 적극적으로 지원해야 한다.

지금 미국, 중국, 일본, 유럽 국가들에서 정부가 하는 일을 보라. 반도체와 같은 핵심 소재를 자국에서 생산하기 위해 천문학적인 보조금을 지출하고 있다. 우리도 그렇게 할 필요가 있다. 경쟁력 있는 소재·부품·장비를 생산하는 중소기업, 중견 기업, 대기업의 수를 지금보다 더 늘려야 한다. 그래야 시장에서 좋은 일자리가 늘어나고, 좋은 일자리가 늘어나면 어려운 가정환경에서 자란 청년들에게도 그만큼 일할 기회가 많아질 것이다.

수출과 내수가 균형 잡힌 성장 구조를 만들어야 한다. 2008년 이후 세계경제의 경향을 보면, 세계화가 기존과는 다른 방식으로 재편되고 있다는 것이 확연해지고 있다. 물리적 상품을 생산하는 방식으로 짜여 있던 세계의 가치 사슬이 디자인, 기획, 설계, 사후 서비스와 같은 서비스를 중심으로 재편되고 있다. 실제로 2008년부터 국가 간 교역 증가율이 GDP 성장률보다 낮아지고 있다. 이는 내수가 점점 더 중요해진다는 것을 의미한다.

다시 말해, 우리나라가 선진국으로 도약할 수 있었던 상품 생산과 소비의 세계화는 점점 둔화하고 새로운 내용으로 세계화가 재편되고 있다. 그렇다면 우리도 기존의 성장 방식을 고수할 수는 없다. 우리가 놀라운 성공을 이룰 수 있었던 것이 세계경제의 흐름을 잘 따라갔기 때문이라는 점을 생각하면 이번에도 그 흐름을 놓치지 말아야 한다. 이를 위해서는 앞서 이야기한 성장 방식을 다른 성장 방식으로 바꿔야 하는 것이다.

성장 방식을 바꾸기 시작하면 노동자의 숙련도를 높이는 것이 지금보다 더 중요해질 것이다. 핵심 소재 · 부품 · 장비의 일정 부분을 국내에서 생산하려면 노동자의 숙련도가 무엇보다 중요하다. 노동자의 숙련도가 중요해지면 노동에 대한 가치도 높아질 것이다. 더불어 20세기 말부터 부를 만드는 산업이 제조업에서 서비스업으로 전환되고 있다는 것도 분명히 염두에 둘 필요가 있다. 아이폰의 대부분은 중국에서 만드는 '메이드 인 차이나'이지만, 정작 돈을 버는 것은 중국의 제조회사가 아니라 아이폰을 디자인하고 설계하고 유통하는 애플이다. 상품을 만드는 것보다 상품을 기획하고 설계하고 유통하는 데서 더 큰 부가가치가 창출되는 것이다.

반도체, 배터리, 바이오 같은 핵심 제조 역량을 유지하는 것은 여전히 중요하다. 하지만 변화하는 가치 사슬을 따라가기 위해서 서비스 분야의 역량을 강화하는 것은 필수다. 내수와 수출이, 제조업

과 서비스업이, 자동화와 노동자의 숙련도가, 중소기업과 대기업이
균형 잡힌 형태로 한국의 경제 구조를 바꿔야 한다.

제대로 된 민주주의 

이 모든 개혁의 성공 여부는 우리나라가 이런 개혁을 해낼 수 있
는 정치적 역량을 가졌는지 여부에 달려 있다. 지금처럼 국민의 다
양한 이해가 제대로 대표되지 않는 구조라면 우리가 어디로 가야
할지 알고 있어도 개혁에 성공하는 것은 불가능할 것이다.

세 가지를 제안하고 싶다. 첫째, 대통령제를 유지하든 내각제로
바꾸든 국민의 다양한 이해가 반영되는 권력 구조를 만들어야 한
다. 그래야 정치가 국민들의 다양한 이해를 대표하고, 토론하면서
더 나은 사회를 위한 합의를 끌어 낼 수 있다. 둘째, 국민 한 명 한 명
이 깨어 있는 비판적인 시민이어야 한다. 사회 변화에 관심을 두고
지켜보면서 필요할 때 할 말을 하고 참여가 필요할 때 참여할 수 있
어야 한다. 정치가 국민의 이해를 돌보지 않고 자기 잇속을 챙기면
꾸짖고 비판할 수 있는 시민이 되어야 한다. 마지막으로, 기업을 견
제할 수 있는 평범한 노동자의 힘을 키워야 한다. 기업이 이윤만이
아니라 사회적 공익을 함께 생각하게 하려면 기업을 견제할 수 있

는 노동자의 힘이 필요하다. 결국 우리의 미래는, 우리가 직면한 문제를 정치가 해결할 수 있는지에 달린 것이다.

국가는 무엇을 해야 할까?

이제 몇 가지 중요한 이슈를 간략하게 이야기하면서 글을 마치려고 한다.

이 책을 쓰면서 이런 의문이 생겼다. 여러분은 국가의 역할이 무엇이라고 생각하는가? 더 구체적으로, 국가가 무엇을 해야 한다고 생각하는가? 예화를 통해 국가의 역할을 그려 보자. 무작위로 이 책을 읽고 있는 분 중 체격 조건과 체력, 인지능력 등 모든 조건이 유사한 10명을 선발한다고 하자. 그리고 그 10명을 의자가 하나 있는 방에 모이게 한다. 게임을 하려는 것이다. 음악이 흐르면 10명이 하나뿐인 의자 주변을 돌기 시작한다. 그러다 음악이 멈추면 재빨리 의자에 앉는 사람이 이기는 게임이다. 게임을 하면 몇 명이나 의자에 앉을 수 있을까? 그렇다. 의자가 한 개니, 오직 한 사람만 의자에 앉을 수 있다.

게임에 참여한 청년들에게 한 번의 기회를 더 주자. 청년들이 충분한 스펙을 쌓을 수 있도록. 다만 게임은 공정해야 하니까, 선발된

10명 모두에게 국내 최고의 트레이너를 1명씩 배정한다. 음악이 멈출 때 재빨리 의자에 앉으려면 순발력이 필요하므로 앞으로 1년 동안 순발력을 기르는 훈련을 할 것이다. 월화수목금금금, 하루 10시간씩, 닭 가슴살, 고구마, 샐러드만 먹고 훈련한다고 상상해 보라. 그리고 1년 후 다시 의자가 있는 장소로 돌아온다. 1년 동안 열심히 훈련받은 10명은 아마 자신감이 넘칠 것이다. 게임이 시작된다. 음악이 흐르고 음악이 멈춘다. 몇 명이 의자에 앉을 수 있을까?

여전히 1명이다. 의자가 1개뿐이니까. 그런데 이상하지 않은가? 열심히 노력하면 적절한 보상을 받아야 하지 않을까? 10명의 선발자들은 지난 1년 동안 정말 열심히 노력했다. 하지만 이 중 9명은 의자에 앉을 수 없다. 묻겠다. 의자에 앉지 못한 9명은 의자에 앉을 자격이 없는 걸까?

국가의 역할은 무엇일까? 1990년대생을 기준으로 청년들이 갈 수 있는 좋은 일자리는 전체 일자리의 10%에 불과하다고 한다. 의자 1개를 놓고 10명이 경쟁하고 있는 것이다. 어른들은 이야기한다. 남들보다 더 열심히 하라고. 필요하면 잠을 2~3시간 자더라도 더 노력해야 한다고. 필요하면 다양한 자격증을 따고, 갈 수 있다면 어학 연수도 다녀오고, 열심히 스펙을 쌓으라고. 그런데 게임에 참여하는 사람 수는 10명인데 의자가 1개뿐이라면 어떻게 해야 할까? 아무리 열심히 노력해도 오직 1명만 의자에 앉을 수 있다면 말이다.

다시 묻겠다. 국가의 역할은 무엇일까?

이렇게 말하고 싶다. 만약 누군가가 정말 열심히 노력했다면 그 사람이 자신의 역량을 보여 줄 기회를 주는 것이 국가가 해야 할 일이라고. 게임에 참여한 10명 모두가 정말 열심히 준비했다면 그들이 의자에 앉을 수 있도록 의자 수를 늘려야 한다. 지금 당장 의자를 10개로 늘리기 어렵다면 2~3개라도 늘려야 한다. 그게 국가의 역할이다.

부모의 사회경제적 지위와 관계없이 누구나 자신이 원하는 삶을 살도록 복지를 늘려야 한다. 그리고 그렇게 열심히 준비한 삶이 꽃 피우기 위해서는 그에 합당한 일자리가 필요하다. 한국의 성장 방식을 바꾸는 일은 바로 의자의 수를 늘리는 것이다. 한꺼번에 의자를 10개까지 늘릴 수는 없겠지만, 괜찮은 일자리 10%를 20~30%로 늘릴 수는 있지 않을까? 판단은 여러분의 몫이다.

100년 전 대한민국은

우리 앞에 놓여 있는 과제가 간단하지는 않다. 아마 지금쯤 여러분은 이런 생각을 하고 있을 것 같다. '지금까지 잘해 오던 성장 방식을 어떻게 바꾸지? 그게 가능할까? 수십 년이 걸릴지도 모를 일인데. 불가능하지 않을까?' 맞다. 지금 생각으로는 경제를 바꾸고 정치를 바꾸고 복지를 바꾸는 일이 당장 불가능해 보일 것이다.

그렇지만, 한번 상상해 보라. 지금이 2024년이 아니라 1924년이라고. 1910년에 조선이 일제에 강제로 병합되고, 1919년 삼일운동은 수많은 희생자를 남겼지만 독립에 대한 의지를 만천하에 알렸다. 일제는 지배 방식을 '문화통치'라는 이름으로 바꾸면서 더 교묘히 조선을 식민지화했고, 일제의 국력은 날이 갈수록 강력해져 서구 열강과 어깨를 나란히 할 정도가 되었다. 그러자 독립을 꿈꾸었던 많은 사람이 일제의 문화통치에 협력해 스스로 힘을 기르는 방향으로 전향했다. 일제 강점이 영원할 것 같은 시대였다.

그때 한 청년이 일어나 여러분에게 이야기한다.

"100년 후 조선은 세계의 최첨단 산업의 중심이 될 것이고, 1인당 국민소득은 일제를 앞지를 것입니다. 조선의 문화는 세계인이 즐기는 문화가 될 것이고, 조선의 민주주의는 아시아를 넘어 세계의 등불이 될 것입니다."

만약 1924년의 여러분이 그 청년의 이야기를 들었다면 뭐라 이야기했을까? "그래요. 당신 말이 맞습니다. 조선은 100년 후 반드시 그런 나라가 될 것입니다." 이렇게 이야기했을까? 아닐 것이다. 여러분은 그 청년의 이야기를 듣고 아마 "말은 쉽지."라고 중얼거렸을지 모른다. 100년 전인 1924년에 2024년의 대한민국을 상상한다는 것은 낙타가 바늘구멍에 들어가는 것보다 더 어려운 일이었다.

주위를 둘러보라. 1924년으로부터 100년이 지난 지금, 대한민국은 반도체, 배터리 등 최첨단 산업의 중심이 되어 있다. 한국의 음악, 영화, 드라마, 웹툰은 세계인이 즐기는 문화가 되었고, 한국의 민주주의는 아시아를 넘어 세계의 모범이 되고 있다. 구매력 기준의 1인당 GDP는 이미 일본을 넘어섰고, 조만간 명목 1인당 GDP도 일본을 넘어설 것으로 예상된다. 100년 전에는 상상조차 할 수 없었던 일이 눈앞에 펼쳐지고 있다. IMF는 2024년 우리나라의 명목 1인당 GDP가 3만 4,653달러를 달성해, 일본의 3만 4,554달러를 넘어설 것으로 예측했다. 이렇게 이야기하고 싶다. 지금 우리 앞에 놓여 있는 어려움은 100년 전 식민지 청년이 직면했던 어려움과 비교하면 아무것도 아니라고.

1 장 지클러 (2016) 《왜 세계의 절반은 굶주리는가?》 갈라파고스.

2 강지나 (2023) 《가난한 아이들은 어떻게 어른이 되는가》 돌베개.

3 장 지글러 (2019) 《왜 세계의 가난은 사라지지 않는가》 시공사.

4 김만권 (2021) 《새로운 가난이 온다》 혜다.

5 윤홍식 (2021) 《이상한 성공》 한겨레출판.

6 박권일 (2021) 《한국의 능력주의》 이데아.

7 박선미 · 김희순 (2015) 《빈곤의 연대기》 갈라파고스.

8 조기현 (2019) 《아빠의 아빠가 됐다》 이매진.

9 리처드 리브스 (2019) 《20 vs 80의 사회》 민음사.

10 브래디 미카코 (2019) 《아이들의 계급투쟁》 사계절.

11 욤비 토나 · 박진숙 (2013) 《내 이름은 욤비》 이후.

12 김윤태 (2023) 《어쩌다 대한민국은 불평등 공화국이 되었나?》 간디서원.

13 아네트 라루 (2012) 《불평등한 어린 시절》 에코리브르.

참고문헌

김교성. (2014). "사회적 타살과 소득 불평등." 《비판사회정책》, 44: 278-325.

레프 톨스토이. (2017[1869]). 《전쟁과 평화 4》. 박형규 옮김. 서울: 문학동네.

매일경제. (2018. 11. 30). "최고 대학 들어왔지만… 서울대생 절반 우울 증세."

서상목. (1979). "빈곤인구의 추계와 속성 분석." 《한국개발연구》, 1(2): 13-30.

송상수. (2013). 《한국 기업의 기술혁신》. 파주시: 생각의힘.

안기현. (2021). "반도체 산업, 다시 오는 초호황기, 견조한 흐름세 전망." 《통상》, 제104호.

연합뉴스. (2023. 4. 7). "대만, 블랙핑크 암표 논란에 최대 50배 벌금 부과키로." https://www.yna.co.kr/view/AKR20230407067700009 (접속일 2023. 5. 22).

우선희. (2018). "범죄 피해 불안과 인구사회학적 요인: 유럽국과 비교를 중심으로." 《보건복지포럼》, 261: 66-80.

윤홍식. (2021). 《이상한 성공》 서울: 한겨레출판사.

윤홍식. (2019). 《한국 복지국가의 기원과 궤적 1: 자본주의로의 이행의 시작-18세기부터 1945년까지》. 서울: 사회평론아카데미.

이상은. (2006). "우리나라에서의 경제성장과 빈곤의 관계: 1982-2004년 도시가구를 중심으로." 《한국사회복지학》, 58(3): 245-268.

이원보. (2004). 《한국 노동운동사 5: 경제개발기의 노동운동, 1961~1987》. 지식마당.

이윤상. (1994). "열강의 이권 침탈과 경제의 예속화 과정." 강만길 · 김남식 · 김영하 · 김태영 · 박종기 · 박현채 · 안병직 · 정석종 · 정창렬 · 조광 · 최광식 · 최장집 엮음. 《한국사 11: 근대민족의 형성 1》, pp.265-302. 서울: 한길사.

이혜숙. (2009). 《미. 군정기 지배 구조와 한국 사회》. 서울: 선인.

선병유 · 황인도 · 박광용. (2018). "노동시장의 이중구조와 정책 대응: 해외 사례및 시사점." BOK 경제연구, 제2018-40호.

정남구. (2023. 5. 20). "한국 경제 수렁에 빠트린 반도체, 봄은 언제 오나." 한겨레, 17면.

정준호. (2016). "한국 산업화의 특성과 글로벌 가치 사슬." 이병천·유철규·전창환·정준호 엮음, 《한국의 민주주의와 자본주의: 불화와 공존》, pp. 70-111. 서울: 돌베개.

조귀동. (2020). 《세습 중산층 사회》. 서울: 생각의힘.

조정미. "수출만이 살 길, 돈모에서 스마트폰까지". 국가기록원 누리집. https://theme.archives.go.kr/next/koreaOfRecord/export.do (접속일 2023. 5. 19).

조형제. (2005). 《한국적 생산 방식은 가능한가? Hyundaism의 가능성 모색》. 서울: 한울아카데미.

조형제. (2016). 《현대 자동차의 기민한 생산 방식》. 서울: 한울아카데미.

통계청. (2022). 〈한국의 사회 동향 2022〉 통계개발원. 348

통계청. (2023). 국가지표 체계: 기관 신뢰도. https://www.index.go.kr/unity/potal/indicator/IndexInfo.do?clasCd=8&idxCd=8048 (접속일 2023. 5. 31).

통계청. (2023). 국가지표 체계: 합계출산율. https://www.index.go.kr/unify/idx-info.do?pop=1&idxCd=5061 (접속일 2023. 5. 8).

통계청. (2023). 산재 사망률. https://www.index.go.kr/unify/idx-info.do?idxCd=4218 (접속일 2023. 5. 23).

하상락. (1989). "한국 사회복지사의 흐름." 하상락 편, 《韓國社會福祉史論》, pp. 38-109. 서울: 박영사.

한겨레. (2017. 10. 15). "지난 겨울 촛불 든 당신, 독일 인권상 수상을 축하합니다." https://www.hani.co.kr/arti/society/society_general/814530.html (접속일 2023. 5. 22).

한겨레. (2023. 5. 25). "청년 직장 선택 기준은 임금·복지·워라밸." 19면.

한겨레. (2023. 5. 3.). "인구 감소에 일본은 긴 저성장… 한국은 한방에 훅 갈 수도." 25면.

한국경제. (2022. 4. 11). "SKY 학생 절반은 상위 20% 고소득층 자녀." https://www.hankyung.com/society/article/202204117757i (접속일 2023. 5. 22).

핫또리 타이오(服部民夫). (2007[2005]). 《개발의 경제사회학: 한국의 경제 발전과 사회 변동》. 유석춘·이시라 옮김(開発の経済社会学: 韓国の経済発展と社会変容). 서울: 전통과 현대.

Ang, Y.. (2023[2020]). 《부패한 중국은 왜 성장하는가》, 양영빈 옮김(China's gilded aged: The Paradox of economic boom and vast corruption)., 서울: 한겨레출판.

Agénor, P., Canuto, O., and Jelenic, M.:(2012) "Avoiding middle-income traps". Economic Premise. 98.

Berg, A., Ostry, J., Tsangarides, C. and Yakhshilikov, Y. (2018). "Redistribution, inequality, and growth: new evidence." Journal of Economic Growth, 23: 259–305.

Carr, E. H. (1997[1961]). 《역사란 무엇인가》. 김택현 옮김(What is history). 서울: 까치. pp.76–77.

Chen, E. (1997). "The total factor productivity debate: Determinants of economic growth in East Asia." Asian-Pacific Economic Literature, 11(1): 18–39.

Chetty, R., Friedman, J., Saez, E., Turner, N., and Yagan, D. (2017). "Mobility report cards: The role of colleges in intergenerational mobility." NBER Working Paper Series.

Choo, H. J. (1992). "Income distribution and distributive equity in Korea." In L. Krause and F. Park, eds., Social Issues in Korea. Seoul: KDI. 통계청. (2022a). 1인당 국민총소득. https://www.index.go.kr/unify/idx-info.do?idxCd=4221 (접속일 2023. 5. 23.). 통계청. (2022b). 지니계수. https://www.index.go.kr/unify/idx-info.do?idxCd=4225 (접속일 2023. 5. 23).

IFR. (2016) World robotics report. 2016: European Union occupies top position in the global automation race. 2016–2017.

IFR. (2019). IFR Press Conference 18th September 2019, Shanghai. https://ifr.org/downloads/press2018/IFR%20World%20Robotics%20Presentation%20-%2018%20Sept%202019.pdf

IFR. (2021a). Facts about robots: Robot density worldwide. https://youtu.be/w_kApx8C-O4

IFR. (2021b). Robot density nearly doubled globally. Dec 14, 2021. https://ifr.org/ifr-press-releases/news/robot-density-nearly-doubled-globally

Kershaw, I. (2023〔2022〕). 《역사를 바꾼 권력자들: 인물로 읽는 20세기 유럽정치사》. 박종일 옮김(Personality and power: builders and destroyers of modern Europe). 서울: 한길사.

Krugman, P. (1994). "The myth of Asia's miracle." Foreign Affairs, 73(6): 62-78. p. 70.

Lee, J. W. (2000) "Success and failure of the Korean economy and its prospects." Presented in the Hong Kong Workshop, July 19–21, 2000.

Lee, K., Lee, J. H., and Lee, J. Y. (2021) "Variety of national innovation systems (NIS) and alternative pathways to growth beyond the middle-income stage: Balanced, imbalanced, catching-up, and trapped NIS." World Development, 144: 1-20.

Levinson, M. (2023〔2020〕) 《세계화의 종말과 새로운 시작》. 최준영 옮김(Outside the box). 서울: 페이지2북스. pp. 133-134.

Lie, J. (2022〔2000〕). 《한없는 한: 남한의 경제 발전과 정치적 민주화》. 이윤청 옮김(Han unbound: The Political economy of South Korea). 서울: 소명출판.

Marx, K. (2012〔1869〕). 《루이 보나파르트의 브뤼메르 18일》. 최형익 옮김(The eighteenth Brumaire of Louis Bonaparte, 2nd ed.). 서울: 비르투.

Miller, C. (2023(2022)). 《칩워: 누가 반도체 전쟁의 최후 승자가 될 것인가?》. 노정태 옮김(Chip war). 서울: 부·키. p. 244.

OECD (2016), "Promoting Productivity and Equality: Twin Challenges", OECD Economic Outlook, No. 99.

OECD (2020). How's life 2020: Measuring well-being. Paris: OECD Publishing.

OECD (2021). Does inequality matter? How people perceive economic disparities and social mobility. Paris: OECD Publishing.

OECD (2023b), Suicide rates (indicator). doi: 10.1787/a82f3459-en (접속일 2023. 5. 24).

OECD (2023b), Fertility rates (indicator). doi: 10.1787/8272fb01-en (접속일 2023. 5. 8).

OECD (2023c), Temporary employment (indicator). doi: 10.1787/75589b8a-en (접속일 2023. 5. 24).

Our World in Data. "GDP per capita, 1950." https://ourworldindata.org/economic-growth (접속일 2023. 5. 22).

Roser, M. (2020). Our World in Data: Economic Growth. https://ourworldindata.org/economic-growth#citation (접속일 2023. 5. 6).

Stiglitz, J. (2020(2018)). 《세계화와 그 불만(개정증보판)》. 송철복 옮김(Globalization and its discontents revisited). 서울: 세종연구원. p.185.

Studwell, J. (2016(2013)) 《아시아의 힘》. 김태훈 옮김(How Asia works: Success and failure in the world's most dynamic region). 서울: 프롬북스.

Suh, S. M. and Yeon, H. C. (1986). Social welfare during the structural adjust-

142

ment period in Korea. Working Paper 8604. Seoul: Korea Development Institute.

The Economist. (2022). "A new low for global democracy." Feb 9th 2022. https://www.economist.com/graphic-detail/2022/02/09/a-new-low-for-global-democracy

The Robot Report. 2019. US robot density ranks 7the in the world. April 5, 2019. https://www.therobotreport.com/us-robot-density-ranks-7th-in-the-world/

The World Bank. (2013). "Middle-income traps: A conceptual and empirical survey." Policy Research Working Paper 6594.

The World Bank. (2021). GDP per capita(current US$). https://data.worldbank.org/indicator/NY.GDP.PCAP.CD (접속일 2021. 5. 8).

UNCTAD. (2023). Evolution of the world's 25 top trading nations. https://unctad.org/topic/trade-analysis/chart-10-may-2021 (접속일 2023. 5. 5).

V-Dem. (2021). The V-Dem dataset.

World Economic Forum. (2020). The Global Social Mobility Report 2020.

WVS. (2023). WVS Cultural Map: 2023 Version Released. https://www.worldvaluessurvey.org/WVSNewsShow.jsp?ID=467 (접속일 2023. 5. 22).

YTN. (2016. 12. 17). "독 언론, 촛불집회 극찬… 서양도 배워야 할 모범." https://www.youtube.com/watch?v=7IPxdbtmpl4 (접속일 2023. 5. 22).

그림 출처

그림 1 (CC BY) maddison project database 2020 (bolt and van zanden 2020), https://ourworldindata.org/grapher/gdp-per-capita-maddison

그림 2 (CC BY) Teddy Cross, https://commons.wikimedia.org/wiki/File:Mass_protest_in_Cheonggye_Plaza_02.jpg

그림 3 듀오링고 블로그, https://blog.duolingo.com/2023-duolingo-language-report/\

그림 4 (공공누리) 한국민족문화대백과사전, https://encykorea.aks.ac.kr/Article/E0013191

그림 5 런던 정치경제대학교 블로그, https://blogs.lse.ac.uk/internationaldevelopment/2013/09/11/china-and-the-middle-income-trap-indiscriminate-tuna-fishing/

그림 6 전태일 기념관 홈페이지, https://www.taeil.org/who/life

그림 7 우선희, 〈범죄 피해 불안과 인구사회학적 요인: 유럽국과의 비교를 중심으로〉, https://repository.kihasa.re.kr/bitstream/201002/29994/1/2018.07%20No.261.06.pdf

그림 8 Choo, H. J. 1993. 〈Income distribution and distributive equity in Korea〉 In L. Krause and F. Park, eds., Social Issues in Korea. Seoul: KDI; 통계청. (2022a). 1인당 국민총소득. https://www.index.go.kr/unify/idx-info.do?idxCd=4221 (접속일, 2023. 5. 23.); 통계청. (2022b). 지니계수. https://www.index.go.kr/unify/idx-info.do?idxCd=4225 (접속일, 2023. 5. 23.).

그림 9 Chetty et al. (2017).

그림 10 OECD (2021). Does inequality matter? How people perceive economic disparities and social mobility. Paris: OECD Publishing.

그림 11 통계청

그림 12 IFR (2024) Global robotics race: Korea, Singapore and Germnay in the lead. https://ifr.org/ifr-press-releases/news/global-robotics-race-korea-singapore-and-germany-in-the-lead; IFR. (2022). China overtakes USA in robot density. https://ifr.org/ifr-press-releases/news/china-overtakes-usa-in-robot-density; IFR. (2021). Robot density nearly doubled globally. Dec 14, 2021. https://ifr.org/ifr-press-releases/news/robot-density-nearly-doubled-globally; IFR. 2021. Facts about robots: Robot density worldwide. https://youtu.be/w_kApx8C-O4; IFR. 2019. IFR Press Conference 18th September 2019, Shanghai. https://ifr.org/downloads/press2018/IFR%20World%20Robotics%20Presentation%20-%2018%20Sept%202019.pdf; The Robot Report. 2019. US robot density ranks 7the in the world. April 5, 2019. https://www.therobotreport.com/us-robot-density-ranks-7th-in-the-world/; IFR. 2016 World robotics report 2016: European Union occupies top position in the global automation race; 이병천·유철규·전창환·정준호 엮음《한국의 민주주의와 자본주의: 불화와 공존》pp. 70-111. 돌베개

그림 13 월드이코노믹포럼, https://www.weforum.org/publications/global-social-mobility-index-2020-why-economies-benefit-from-fixing-inequality/

10대에게 들려주는 평등과 복지 이야기

왜 불평등이 문제일까?

1판 1쇄 인쇄 2026년 1월 2일
1판 1쇄 발행 2026년 1월 20일

—

지은이 윤홍식

—

펴낸이 백성빈
펴낸곳 반니출판
주소 서울 서초구 서초중앙로 69 806호
전화 02-6204-0491
전자우편 banni@banni.co.kr
출판등록 2025년 10월 13일 (제2025-000266호)

—

ISBN 979-11-24280-00-3 43300

—

책값은 뒤표지에 있습니다.
잘못된 책은 구입하신 곳에서 교환해드립니다.

※이 저술은 인하대학교 교내 연구비의 지원을 받았습니다.